Mag

Brittany Nightshade

Nightshade Apothecary Publishing

Copyright © 2022 Brittany Nightshade
Magia Nera: Incantesimi di Potere, Amore e Distruzione
Tutti i diritti riservati. Questo libro o parte di esso non può essere riprodotto o utilizzato in alcun modo senza l'espressa autorizzazione scritta dell'editore, fatta eccezione per l'uso di brevi citazioni in una recensione del libro.

Indice dei contenuti

Prefazione: 8
Incantesimi, lavoro rituale e intenzione 11
Etichetta rituale di base 15
    Creare un cerchio 15
    Chiamata dei quartieri e degli elementi 18
    Rituale di fabbricazione del Cerchio Elementale ... 20
    Invocazione di Ecate 21
    Invocazione di Nyx, dea della notte 25
    Invocazione di Lyssa, dea della rabbia 27
    Pulire/caricare una nuova bacchetta 29
Magia protettiva 30
    Salvia detergente (Smudging) 30
    Protezione della casa Incanto di cristallo 32
    Incantesimo di protezione 33
    Runa di protezione 34
    Pozione di protezione 35
    Bottiglia della strega (rimozione della maledizione/protezione) 36
    Rituale di disfacimento 37
    Incantesimo di bandire 38
    Vaso di protezione 40
    Incantesimo "Pentacle Ward" 41
    Pietra di protezione 42
Strumenti rituali 43
    Acqua di luna 43

Fasi lunari 45
Acqua di mare 46
Sale nero 47
Polvere di Goofer 48
Barattoli 48
Magia nera 50
Cerchio d'ombra 51
Bustina per sogni da incubo 52
Rimuovere da un oggetto 54
Maledizione Voodoo del tracciare i piedi 55
Incantesimo di chiaroveggenza 57
Maledizione della perversione 58
Barattolo acido 59
Freccia esagonale 61
Maledizione della freccia 62
Maledizione del Poppet Effigie 63
Scala delle streghe mortale 65
Anello dell'Incanto del Potere 66
Vaso di miele 68
Maledizione della vitalità della mela marcia 69
Un incantesimo di seduzione 70
Incantesimo d'amore inverso (Annullamento) 71
Maledizione bruciante della sfortuna 72
Attrazione Poppet 74
Incantesimo della candela dell'adorazione 75
Vaso da incubo 76

Seconda vista, rituale del terzo occhio 77
Pietra del dolore 79
Pietra di Jinxing 80
Maledizione del limone 80
Maledizione di Poppet del dolore lieve 81
Legame con la paura 83
Incantesimo di infertilità 84
Rituale dell'impotenza maschile 86
Incanto del malocchio 87
Le ossa della rabbia 88
Lamento delle Succubae (Invasione di sogni) 89
Evocare una tempesta 90
Prosperità finanziaria 91
Tre notti d'inferno 92
Aiutare a vincere una causa in tribunale 94
Rituale del senso di colpa 98
Amore reciso 99
Discordia e oscurità 101
Maledizione della calvizie 103
Cuori a brandelli Parte 1 105
Cuori a brandelli Parte 2 106
Bambola del dolore 106
Esagono di Carman 108
Vanità e follia 109
Pentacolo di pepe 110
Congelato nel tempo 112

Incantesimo di ritorno al mittente 114
Rituale del cristallo di assorbimento del potere 115
Rovina finanziaria 117
Raccolto fallito (sale della terra) 118
Fate tacere i vostri nemici 119
Sguardo d'angoscia 121
Incantesimo della verità 122
Pietra Stregata della Chiaroveggenza 124
Maledizione dell'ossidiana 125
Le rune del Futhark 127
Lancio di rune 129
Metodo delle Tre Norne 129
FEHU 131
ÜRUZ 132
THURISAZ 133
ANSUZ 134
RAIDHO 136
KENAZ 138
GEBO 139
WUNJO 140
HAGALAZ 141
NAUTHIZ 143
ISA 144
JERA 146
EIHWAZ 147
PERTHRO 148

6

ALGIZ	150
SOWILO	151
TIWAZ	153
BERKANO	154
EHWAZ	155
MANNAZ	157
Laguz	158
INGWAZ	159
DAGAZ	161
OTHALA	162
Note	**164**
In chiusura	170

Prefazione:

Ciao a tutti! Mi chiamo Brittany Nightshade e ho trascorso molti anni a studiare la stregoneria e la tradizione pagana. Durante il mio percorso ho tenuto traccia dei rituali che ho imparato e realizzato in un libro personale delle ombre. Ho preso parti di quel libro per creare una raccolta di magia nera per chiunque sia interessato a ciò che ho imparato.

Questo libro contiene un vasto assortimento di incantesimi, rituali e informazioni per i praticanti di qualsiasi livello. C'è anche una sezione sulla divinazione con una guida alle rune del Futhark, che sono ottime per la divinazione e possono essere incorporate nei propri incantesimi e rituali.

Che usiate questi incantesimi per creare i vostri rituali o che li usiate così come sono, ricordate che il potere è dentro di voi. Non c'è alcun obbligo di usare ricette esatte e, in base alla mia esperienza, quando si personalizza un incantesimo lo si rende solo più forte, poiché si tratta di sapersi concentrare e di stabilire le proprie intenzioni.

Anche se non esiste un colore concreto assegnato a certi incantesimi, i praticanti di solito si riferiscono a un incantesimo come nero o scuro se il lanciatore sta influenzando la volontà di un altro o sta facendo del male a qualcuno. Alcuni si rifiutano di lavorare con qualsiasi magia che faccia questo, perché credono che la forza si ritorcerà contro di loro tre volte. Non ho mai sperimentato questo ritorno di fiamma e ogni prova che ho visto è stata aneddotica. Questa credenza è radicata in una pratica dei primi del '900 chiamata Wicca Gardneriana. Se siete interessati a saperne di più sulla storia della Wicca e della stregoneria in generale, date un'occhiata al mio libro *Stregoneria: Il Libro della Magia per Principianti*.

Anche se questa è la mia esperienza, non nego che se si superano i propri limiti ci possono essere conseguenze terribili. L'esaurimento è comune a causa delle elevate energie emotive necessarie per la manifestazione, ma non ho mai sentito di qualcuno che sia morto o sia stato gravemente ferito come risultato diretto. Sono giunto a credere che qualsiasi conseguenza negativa sia probabilmente dovuta a una direzione impropria delle vostre intenzioni, per cui invece di lanciare verso il bersaglio previsto, l'energia rimane al caster o a un bersaglio non previsto. Ciò significa che le malattie causate dall'incantesimo si ripercuotono su di loro finché non vengono purificate. È imperativo mantenere una concentrazione precisa durante la manifestazione. Gli strumenti rituali, il cerchio, gli dei/le dee e il rituale stesso possono aiutarvi a impostare e mantenere correttamente la vostra intenzione.

Per questi motivi gli incantesimi di magia nera possono essere potenzialmente pericolosi per i non esperti e si dovrebbe sempre lanciare un incantesimo di protezione e un cerchio. Se qualcosa va storto, fate un bagno di acqua salata, una purificazione con smudge o una doccia e pulitevi con uno scrub al sale, chiedendo alla vostra divinità di proteggervi da qualsiasi forza che vi siete procurati. Se pensate che il vostro incantesimo abbia avuto un effetto negativo su un'altra persona che non avevate previsto, è importante fare un Rituale di Annullamento, che si trova anche in questo libro.

Qualunque sia il vostro punto di vista sulla "magia nera", credo che il contesto sia più importante di qualsiasi altra cosa. A mio parere, le maledizioni, le malocchiere e le altre forme di asservimento sono semplicemente strumenti, che possono essere usati per il bene o per il male, e questa è una questione di opinione soggettiva. Penso che sia importante conoscere tutti i tipi di magia, sia che si pensi di poterli usare o meno, la conoscenza è potere e una strega potente è una strega preparata a tutto con tutti gli strumenti a disposizione.

-Brittany Nightshade

　　Vi auguro la migliore fortuna in tutte le vostre magiche imprese!

Incantesimi, lavoro rituale e intenzione

La prima cosa che viene in mente a molte persone quando sentono la parola "strega" è la magia. Purtroppo, la maggior parte delle persone è stata male informata su cosa sia la magia in relazione alla stregoneria.

Le comuni idee sbagliate che hanno afflitto la storia insinuano che le streghe abbiano la capacità di trasmutare gli esseri umani in animali, di mutare forma, di controllare il fuoco e i fulmini con la mente, di scomparire e riapparire a volontà, di levitare e di ogni altro tropo hollywoodiano che si possa immaginare. Sebbene tutto ciò possa essere stato divertente e a volte abbia alimentato paure millenarie, la realtà è molto più concreta e pragmatica.

La magia di una strega è più simile a quella che molti chiamerebbero "preghiera". Potrebbe essere uno shock che molte streghe si riferiscano al loro lavoro rituale come a una preghiera. Dopo tutto, che cos'è una preghiera se non un rituale fatto con l'obiettivo di lavorare con una divinità o con il cosmo per ottenere un risultato desiderato?

Le streghe usano la magia per realizzare diverse cose. La magia può proteggere, ammaliare, influenzare, aumentare la fiducia e infondere energie in ciondoli, talismani e altri oggetti banali. Può alterare i fili del destino ed essere usata per onorare e riverire i nostri dei, le nostre dee, i nostri antenati e le molte altre sfaccettature della natura.

Va detto che rituali e incantesimi non sono necessariamente la stessa cosa. Gli incantesimi di solito implicano una sorta di rituale, ma i rituali non sempre implicano il lavoro degli incantesimi. Gli incantesimi sono fatti per ottenere un risultato, come guarire da un cuore spezzato o legare una persona violenta. Questi risultati si ottengono attraverso la meditazione e la direzione delle nostre intenzioni per influenzare il mondo che ci circonda. Per aiutare la corretta direzione e canalizzazione delle nostre intenzioni e delle nostre energie, in genere utilizziamo il lavoro rituale.

Tuttavia, il lavoro rituale non deve sempre comportare il tentativo di ricevere o influenzare qualcosa. Usiamo i rituali anche per onorare ed entrare in comunione con le nostre divinità o con la natura stessa, a seconda del percorso scelto. Questo è parte integrante della maggior parte delle streghe, che si legano ai loro dei e alle loro dee e crescono in potere grazie alla loro fede e alla loro dedizione.

Un incantesimo di una strega potrebbe essere pronunciato su un calderone bollente come si vede nei film, ma è più probabile che la stregoneria preveda una cerimonia che può essere eseguita in natura, sull'altare di casa della strega, nella sua cucina o in una congrega. Il luogo che funziona meglio per voi è quello che vi permette di raggiungere la massima concentrazione e connessione con il mondo degli spiriti.

Gli incantesimi possono essere lanciati per influenzare il lanciatore, altre persone o per influenzare le energie per causare un qualche cambiamento e possono essere benefici o dannosi. Gli incantesimi di natura positiva sono spesso chiamati benedizioni o magia bianca, mentre quelli negativi sono generalmente chiamati maledizioni. Gli incantesimi possono anche essere usati per impedire che qualcosa accada: si chiamano incantesimi vincolanti e possono essere di natura positiva o negativa a seconda dell'intento.

La classificazione di alcune magie come bianche, nere, positive, negative, grigie, ecc. è molto dibattuta nella comunità wiccan. Molti sostengono che l'intento del praticante è quello di dare a un incantesimo o a un rituale la sua designazione, mentre molti altri sostengono che la magia è magia e che non dobbiamo cercare di incasellare il lavoro rituale. La maggior parte dei wiccan tradizionali ha un approccio di non tolleranza nei confronti di qualsiasi magia che influisca o influenzi la volontà altrui e la considera una violazione della redenzione wiccana. D'altra parte, molte streghe eclettiche ritengono che si debba esaminare ogni situazione caso per caso per determinare se l'incantesimo è giustificato. Potete avere il vostro modo di determinarlo e la moralità è soggettiva. Io scelgo di consultarmi con le Norne, le Dee norrene del Fato, prima di iniziare a cambiare il mondo con il mio lavoro rituale e mi consulto regolarmente con Ecate per le questioni quotidiane e l'autosviluppo, attraverso la preghiera meditativa e la divinazione.

Un rituale ha tipicamente una formula che il praticante ha creato o ricevuto da un'altra strega o dalla sua congrega. È abbastanza comune, e molti sostengono che sia vantaggioso, adattare un rituale alle proprie esigenze. Gli incantesimi possono comprendere incantesimi, immagini, rune, candele e altri strumenti magici. Le offerte sono comunemente fatte al dio o alla dea del praticante come parte di una cerimonia rituale di riverenza.

Ci sono molti metodi per lanciare incantesimi. Si possono iscrivere rune o sigilli su un oggetto, come un anello o una collana, per conferirgli determinate proprietà. Potreste bruciare la foto di un interesse romantico come parte del rituale per un incantesimo d'amore. Si può anche preparare una pozione da usare nel bagno per diventare più carismatici. Ci sono praticamente innumerevoli modi per creare un incantesimo. La cosa più importante è che vi sentiate in sintonia con quello che state facendo, perché questo è il segreto del successo della creazione di un incantesimo. L'incertezza e il dubbio sono di solito la causa del fallimento di un incantesimo, la fiducia è la chiave, sappiate che i dettagli non sono importanti quanto il fatto che dirigiate le vostre energie dove devono andare attraverso la visualizzazione e la manifestazione.

Il lavoro rituale e il lancio di incantesimi non devono essere complicati. Un rituale può essere semplice come accendere una candela o un incenso pensando alla sicurezza e alla protezione della propria famiglia o, nel caso della magia nera, alla caduta dei propri nemici. Per gli incantesimi quotidiani, come le benedizioni, l'auto-aiuto, i pensieri positivi e l'invio di energie curative utili agli altri, non è necessario intraprendere l'ingombrante compito di un rituale di lancio di un cerchio completo. Anche se queste complessità possono essere utili ai principianti per aiutare la concentrazione e l'immersione. Per onorare i vostri antenati, potreste semplicemente riservare loro un posto a tavola con offerte di cibo e vino. Prima di andare a letto, potete parlare alla vostra dea e ringraziarla per tutte le benedizioni che vi concede. Fate quello che vi fa sentire bene e che ritenete il modo migliore per venerare e stabilire una connessione con il mondo magico.

Etichetta rituale di base

Sebbene sia vero che potete creare un rituale in qualsiasi modo scegliate e una volta acquisita maggiore esperienza vorrete personalizzare i rituali per adattarli alle vostre esigenze, ci sono preparazioni rituali tradizionali che potreste voler imparare e includere nei vostri rituali, come il lancio di un cerchio e l'invocazione di quartieri, anche se non sono assolutamente necessari per avere un lancio di successo, li raccomando vivamente perché possono migliorare notevolmente la concentrazione e creare l'atmosfera per così dire per il lavoro rituale. Potreste anche invocare divinità o dee come Ecate, la madre delle streghe, per aiutarvi nei vostri sforzi. La parte più importante del lavoro rituale è la preparazione di un luogo sicuro e privo di distrazioni, in modo da poter focalizzare le vostre intenzioni; un ottimo modo per farlo è quello di seguire queste meditazioni e rituali.

Creare un cerchio

Le streghe possono lanciare un cerchio per preparare uno spazio magico e sacro per meditare, lanciare un incantesimo o eseguire un rituale. I cerchi sono in realtà sfere che vengono utilizzate come un tipo di isolamento da energie indesiderate che potrebbero influenzare l'incantesimo, il rituale o la meditazione. In questo modo si evita di deviare l'intenzione durante l'incantesimo o di interrompere il trasferimento di energia. I cerchi non sono necessari, ma a mio parere possono aiutare molto la concentrazione.

Il cerchio può essere lanciato semplicemente allungando il dito, la bacchetta, l'athame o il bastone e ruotando di 360 gradi in senso orario. Una volta terminato, il cerchio può essere chiuso facendo la stessa cosa ma al contrario (in senso antiorario) o tagliando i confini del cerchio con l'athame, la bacchetta o la mano. Questo è un modo semplice ed efficace per lanciare un cerchio, ma potreste anche desiderare di incorporare un'invocazione o un rituale di vostra ideazione. Non è importante il modo in cui si lancia il cerchio; la chiave è avere fede in ciò che si sta facendo, in modo da poter usare efficacemente la propria energia per creare la barriera.

Un metodo popolare per lanciare un cerchio consiste nell'incorporare gli elementi e le direzioni cardinali nel lancio. Ad esempio, potreste posizionare un oggetto che rappresenti ogni elemento in ogni direzione che indicherete durante il lancio del cerchio o invocare i guardiani e gli elementi stessi. Di seguito sono riportati alcuni esempi di oggetti che possono essere utilizzati per rappresentare ciascun elemento, ma potete utilizzare qualsiasi cosa che associate personalmente all'elemento.

Aria/Est: spada, athame, bacchetta, piume, campane, nastri, Asso di Spade Tarocchi.

Fuoco/Sud: candele, spine, bacchette e altri oggetti fallici, draghi, fiammiferi, aspetto maschile, Asso di Bastoni dei Tarocchi.

Acqua/Occidente: calice, coppa, conchiglie, sfera di cristallo, ankh, specchio, acqua/vino, aspetto femminile, Asso di Coppe dei Tarocchi.

Terra/Nord: pentacolo, altare, metalli, monete, fiori/erbe, terra, sabbia, sale, noci e semi, Asso di Pentacoli dei Tarocchi.

Chiamata dei quartieri e degli elementi

Nella stregoneria i Quartieri si riferiscono agli elementi della natura. Questi elementi sono forze venerate da molti pagani. Possono essere chiamati con altri nomi, ma comunemente li sentirete chiamare elementi, elementali, torri di guardia, angoli o quartieri. Questi termini possono avere significati leggermente diversi a seconda del praticante, ma hanno tutti un ruolo simile nella stregoneria.

Il pentacolo rappresenta i quattro elementi. Il divino, o il praticante, è la punta superiore del pentacolo, mentre i quattro elementi costituiscono le punte laterali. Questo rappresenta il modo in cui l'operatore, o il divino all'interno dell'operatore, guida e agisce da tramite per le forze elementali. Questa è l'interpretazione più comune, anche se le opinioni possono variare da strega a strega, ma come regola generale la maggior parte delle streghe incorpora gli elementi nei propri rituali in un modo o nell'altro.

I quattro angoli si riferiscono ai punti cardinali della bussola: nord, sud, est e ovest. Potrebbero anche riferirsi ai quattro elementi classici: acqua, terra, fuoco e aria. Un quinto elemento, spesso incluso in alcune tradizioni orientali, è il "Vuoto", ovvero ciò che non possiamo vedere. La maggior parte delle tradizioni occidentali considera il sé, o lo spirito, come il quinto elemento.

Molte tecniche derivano da tradizioni diverse e una strega può provare diverse cose o adattare e creare i propri rituali finché non trova qualcosa che funziona per lei. La tradizione della stregoneria attraversa molte culture diverse ed è una credenza viva e in continua evoluzione, motivo per cui si trovano variazioni nella pratica.

Molte streghe fanno uso degli elementi, considerandoli come energie interconnesse che costituiscono tutto ciò che vediamo e sperimentiamo. I praticanti chiamano spesso i Guardiani delle Torri di Guardia per mantenere le energie stabili e non influenzate durante la canalizzazione. Man mano che sviluppate i vostri poteri, probabilmente avrete un vostro modo unico di canalizzare gli elementi. Nella prossima sezione illustrerò diversi metodi che potreste utilizzare e adattare per lanciare il vostro cerchio.

Rituale di fabbricazione del Cerchio Elementale

Preparate l'area in cui desiderate fabbricazione il vostro cerchio, potete posizionare gli oggetti che rappresentano gli elementi nella loro direzione cardinale corrispondente. Con la bacchetta o un altro strumento nella mano dominante, puntate verso il lato est del cerchio e dite quanto segue:

"Invoco il Guardiano dell'Est, Elemento dell'Aria, affinché vegli su questo spazio sacro".

Immaginate che il Guardiano appaia a est, inchinatevi per riconoscerlo e rivolgetevi a sud. Con la mano tesa pronunciate quanto segue:

"Invoco il Guardiano del Sud, Elemento del Fuoco, affinché vegli su questo spazio sacro".

Immaginate il Guardiano, inchinatevi per riconoscerlo e rivolgetevi a ovest. Con la mano tesa pronunciate quanto segue:

"Invoco il Guardiano dell'Ovest, Elemento dell'Acqua, affinché vegli su questo spazio sacro".

Quando immaginate l'arrivo del Guardiano, inchinatevi in segno di rispetto e rivolgetevi a nord. Con il braccio ancora teso, pronunciate quanto segue:

"Invoco il Guardiano del Nord, Elemento della Terra, affinché vegli su questo spazio sacro".

Alzate la mano in aria e dite quanto segue:

"Invito lo spirito a proteggere questo spazio, come voglio, il cerchio è lanciato".

Invocazione di Ecate

Rituale di devozione e dedicazione

Ecate è la madre di tutte le streghe e la dea greca della stregoneria, della magia e del mare. Detiene le chiavi degli inferi e può allo stesso modo proteggere dagli spiriti degli inferi o mandarli all'attacco. È conosciuta come una dea liminale, cioè attraversa liberamente i regni della Terra, del Cielo e dell'Ade e può camminare attraverso il velo che li separa. Ecate è conosciuta come la Dea della Triplice Luna e detiene il dominio sulla Terra, sul Cielo e sul Mare, esercitando un potere incommensurabile in quanto figlia di Titani e dea matrona delle streghe.

Se acquisite il suo favore, vi proteggerà dagli ingiusti e vi porterà creatività, saggezza e guida. Lei è l'oscurità. È tutto. Sviluppando un rapporto con lei, scoprirete che la conoscenza e la saggezza necessarie per far nascere la luce risiedono nei misteri e nelle benedizioni dell'oscurità.

È utile essere in uno stato meditativo quando la si invoca, ma non è necessario. Trovo che la mia connessione con lei sia più forte di notte. Poiché rappresenta tutte le fasi lunari, non è necessario che sia in un determinato periodo del mese, ma la luna nuova è l'ideale. Sarebbe utile incorporare uno o più dei suoi simboli. Per esempio, alcuni dei simboli di Ecate sono la luna, le chiavi, il nero, l'argento, l'oscurità, gli incroci, il numero tre e i cani. Ce ne sono molti altri e dovreste imparare a conoscerli singolarmente e a capire perché la rappresentano, perché questo rafforzerà il vostro legame e la vostra comprensione di lei. Mettete questi oggetti sull'altare o teneteli in mano durante l'invocazione.

Concentratevi sul simbolo e su ciò che rappresenta, aprite la mente e siate disposti ad accettare le sue energie. Se possibile, accendete una candela nera. Collocate offerte come vino, cibo o incenso sul vostro altare o spazio rituale. Le offerte comuni a Ecate sono miele, pesce, aglio, uova e vino. Dovreste sempre fare delle offerte per mostrare il vostro ringraziamento e la vostra dedizione quando lavorate con Ecate. Le offerte possono essere semplicemente collocate sul vostro altare o spazio di lavoro e potete farne ciò che desiderate dopo la conclusione del rituale, anche se alcune persone amano lasciare il vino sui loro altari fino a quando una parte del liquido non è evaporata.

La preghiera che segue è un'invocazione che ho creato per invocare Ecate e dedicarsi al suo cammino. Potete usare il mio rituale o sviluppare un vostro rituale devozionale, proprio come potete fare per tutte le invocazioni di questo libro.

Liberate i vostri pensieri e lasciate che l'immagine riempia la vostra mente, poi iniziate a rilassarvi. Concentratevi sulla vostra energia in connessione con l'oscurità, sentite che le vostre energie sono allineate con le sue e dite quanto segue:

"Ecate, Madre delle Tenebre, ti invoco!
Rispondo alla tua chiamata e sono pronto a dedicarmi al tuo cammino!
Dea della Notte, proteggimi con il tuo potere arcano!
Concedimi la vista per vedere attraverso il velo e raggiungere la saggezza che tu concedi!
Fanciulla delle soglie e degli incroci, circondami nelle tue tenebre affinché io possa far emergere la mia luce!
Madre oscura! Prometto la mia fedeltà!
Ti onoro ora e per sempre! Per il potere della Triplice Luna!

Ave Ecate! Ave Ecate! Ave Ecate! "

Man mano che il vostro rapporto con Ecate si sviluppa, troverete il vostro modo di adorarla e di comunicare con lei. Ogni rapporto è diverso e profondamente personale. Può essere esigente, ma non vi biasimerà mai né vi punirà per le vostre mancanze, quindi non esitate mai a cercarla e a lasciare che la sua fiaccola vi guidi attraverso qualsiasi turbolenza possiate affrontare. Pregate/comunicate con Ecate regolarmente. Di solito organizzo un rituale con la luna nuova e faccio ringraziamenti e offerte ogni giorno. Tenete a mente il legame che avete con lei, perché la sua grazia sarà una benedizione che vi proteggerà e vi guiderà attraverso il vuoto.

"Ecate, dea liminare della stregoneria".

Invocazione di Nyx, dea della notte

Nyx è la Dea primordiale della Notte. È figlia del Caos ed è presente fin dall'inizio del tempo. Si dice che persino il potente Zeus la temesse. Questo rituale ha lo scopo di creare un legame con questa antica dea dal potere insondabile.

È necessario:
Olio benedetto
Altare
Luna piena disegnata su un coperchio d'altare
Salvia
Erba dolce
Petali di rosa rossa
1 candela rossa
1 candela blu
1 candela viola
1 candela nera
1 candela bianca

Sfumate l'altare, le candele e voi stessi con la salvia. Mettete la salvia sull'altare (utilizzate un recipiente o un piatto ignifugo per la salvia). Ungete le candele con l'olio e disponetele sull'altare con il nero a nord, il bianco a est, il rosso a sud e il blu a ovest con il viola al centro. Accendetele in quest'ordine: nero, bianco, rosso, blu, viola.

Dite quanto segue:

Nyx, grande dea della notte! Amante di Erebus, madre di Moros, Thanatos, Hypnos, Caronte, Nemesi e delle Parche, ti chiedo di accettare la mia fedeltà e il mio amore come tuo seguace e servitore. Ti chiedo protezione e guida, portatrice della notte, ti chiedo saggezza e benedizione".

Accendete nuovamente la salvia se si è bruciata e accendete l'erba dolce (se non avete l'erba dolce potete usare qualsiasi altro tipo di incenso). Usate l'erba dolce per imbrattare l'altare, le candele, i petali di rosa e voi stessi. Mettete l'erba dolce accanto alla salvia e lasciatela bruciare mentre visualizzate Nyx che vi invia la sua protezione, saggezza, guida e benedizione. Una volta che l'erba dolce e la salvia si sono spente, spargete i petali negli spazi tra le candele e le erbe dalle vostre mani mentre cantate:

Io sono [il tuo nome]. Sono un sacerdote/sacerdotessa per la mia dea, tu, Nyx, se mi vuoi.
Questa è la mia richiesta e queste sono le mie parole.
Che questo giuramento rimanga forte, la mia fede non vacilli mai, il mio amore non si indebolisca mai.
Benedizioni di Nyx, lavatemi!".

Onorate Nyx con offerte e preghiere e lei risponderà sempre alla vostra chiamata. Ci sono molti dei e dee, vi suggerisco di imparare a conoscerne il più possibile e di trovare quelli che risuonano con le vostre energie personali. Dedicate del tempo a conoscerli e create i vostri rituali ispirandovi alle invocazioni contenute in questo libro o createne di nuovi!

Immagino che qualsiasi dio o dea sarebbe impressionato da qualcuno che si è preso il tempo di creare il proprio rituale per loro, non preoccupatevi dei dettagli, è letteralmente il pensiero che conta.

Invocazione di Lyssa, dea della rabbia

La rabbia e l'ira sono un elemento chiave in molti rituali di magia nera e la Dea della Rabbia è conosciuta da molti come Lyssa. È una buona idea familiarizzare con lei e chiedere il suo aiuto quando si eseguono questi tipi di incantesimi. Quello che segue è un rituale di patto per chiederle di aiutarvi a costruire la rabbia.

Per invocare Lyssa, formate tre pentacoli sul terreno. Posizionateli come se formassero le punte di un triangolo e assicuratevi che siano abbastanza distanti tra loro in modo da poter stare al centro. Potete costruire i pentacoli in qualsiasi modo. Concentratevi su tutte le cose che odiate e, quando avrete accumulato rabbia, invocate la dea Lyssa con la seguente preghiera.

"*Oh, grande dea Lyssa,*
Figlia della Nobile Nyx.
Chiedo la vostra assistenza e la vostra guida,
Anch'io, come voi, sono un figlio dell'oscurità,
Mi sento in preda alla rabbia nel mio cuore,
Aiutami a liberarlo sui miei nemici,

*Desidero essere suo discepolo,
insegnami l'arte della rabbia,
guidarmi nei miei sforzi,
Insieme possiamo realizzare qualsiasi cosa,
concedimi il potere di distruggere".*

Se sentite la sua presenza, siete riusciti a connettervi con Lyssa. In caso contrario, è necessario meditare sulla propria rabbia interiore e riprovare. Un patto con Lyssa è un grande vantaggio per i praticanti delle arti oscure e vale la pena praticarlo, poiché non ci sono potenziali effetti negativi o intenzioni che potrebbero essere inavvertitamente indirizzate.

Non posso fare a meno di sottolineare quanto sia utile avere un legame con un qualche tipo di essere divino, in quanto può davvero aiutare a dirigere correttamente le proprie intenzioni durante i rituali; questo può essere realizzato anche attraverso connessioni animiste con la natura, se non si è interessati a lavorare con gli dei. Pregate e fate offerte a Lyssa regolarmente per mantenere il suo favore.

Pulire/caricare una nuova bacchetta

Le bacchette ci permettono di focalizzare meglio le nostre intenzioni durante gli incantesimi. Le bacchette possono portare con sé energie residue di precedenti proprietari o del creatore della bacchetta, quindi è sempre una buona idea fare un rituale di pulizia e caricarla di nuovo.

È necessario:
Calderone (o pentola)
Acqua salata del mare
Incenso
Cristallo di quarzo
Bacchetta da pulire
Fiori, gemme o quarzo rosa.

Fate bollire l'acqua nel calderone e aggiungete un pizzico di sale marino. Mescolate tre volte e dite: "Che la dea entri nell'acqua, che la dea la renda pura". Lasciate raffreddare il calderone in giardino (o in una zona erbosa) in un luogo soleggiato e dite quanto segue: "Che i raggi di Apollo vi riempiano di forza".

Fate un cerchio intorno al calderone con i fiori e le pietre. Aggiungete un cristallo al calderone o alla pentola. Il raffreddamento dovrebbe durare circa un'ora. Accendete l'incenso e mettete la bacchetta nell'acqua ormai raffreddata. Pronunciare la seguente frase: "Che la luce di Apollo si sprigioni!". Togliete la bacchetta dall'acqua e agitate l'acqua per tre volte in senso orario.

Lasciare asciugare la bacchetta sul davanzale della finestra.

Magia protettiva

Sebbene questo libro si concentri principalmente sui rituali più oscuri o "magia nera", è assolutamente necessario avere una conoscenza di base della magia di protezione e di come usarla. Come probabilmente già sapete, la magia nera può essere pericolosa se tentata da chi non ha esperienza, le intenzioni possono essere mal indirizzate se non si mantiene la giusta concentrazione e gli incantesimi possono essere reindirizzati o rimandati indietro all'utilizzatore da un praticante esperto; ecco perché è sempre una buona idea predisporre protezioni e incantesimi per prepararsi alle conseguenze indesiderate. Nella sezione seguente vi fornirò diversi rituali protettivi e oggetti rituali che possono essere usati insieme a qualsiasi rituale per assicurarvi di essere protetti e di avere le conoscenze per ripulire qualsiasi energia negativa vagante che possa persistere dopo aver condotto i vostri rituali.

Salvia detergente (Smudging)

Con il fumo della salvia si può purificare qualsiasi cosa. Questo si può fare con un bastoncino di salvia (smudge stick) o bruciando la salvia in un bruciatore di incenso. La salvia ha potenti proprietà detergenti e può essere usata per purificare la casa, lo spazio dell'altare, i gioielli, i cristalli, le candele o qualsiasi altro strumento o oggetto rituale. La salvia può essere usata anche per purificare se stessi. Altri incensi comuni utilizzati per la purificazione sono la mirra e il sangue di drago, ma io di solito uso la salvia. Assicuratevi che la salvia sia di provenienza etica: molte grandi catene di negozi acquistano la salvia da fonti non sostenibili che danneggiano le aree in cui viene raccolta. Questo è particolarmente importante se utilizzate la salvia bianca. Consiglio vivamente di coltivarla da soli, è facile e rafforzerà il vostro legame con la natura.

Per purificare la casa, stabilite la vostra intenzione di purificare, accendete la salvia e lasciatela bruciare e bruciare. Portate la salvia in tutta la casa e lasciate che il fumo fluisca nelle stanze. Prestate particolare attenzione agli specchi, ai corridoi e ad altre aree ad alto traffico. Mentre lo fate, potete recitare una preghiera a una divinità o un incantesimo per focalizzare meglio la vostra intenzione.

Per purificare un oggetto, fate la stessa cosa: stabilite la vostra intenzione, accendete la salvia e fate passare l'oggetto attraverso il fumo. Se l'oggetto è grande, prendete la salvia e muovetela intorno all'oggetto, lasciando che il fumo lo avvolga.

Per purificarsi, accendere la salvia e lasciarla bruciare, prendere il fumo con le mani e dirigerlo intorno al corpo. "Lavatevi le mani, il viso, il corpo, le gambe, ecc. con il fumo. Fate questo con l'intento di pulire e purificare.

Protezione della casa Incanto di cristallo

È necessario:
Cristallo grande
Ciotola grande o calderone
Acqua
Sale marino
Basilico
Qualcosa di casa/giardino
Bacchetta o qualcosa per mescolare l'acqua

Mettete il cristallo nel calderone e riempitelo con acqua sufficiente a coprire il cristallo. Gettate un pizzico di sale nel calderone e dite quanto segue:

"Benedici questa famiglia e benedici questa casa,
Mentre siamo qui e mentre vaghiamo,
Quando l'oscurità si avvicina, la nostra luce risplenderà,
E proteggere quelli che chiamo miei".

Aggiungete un pizzico di basilico e qualcosa dal vostro giardino o dalla vostra casa. Può essere un sasso, una foglia, un filo d'erba o persino una fibra del vostro tappeto. Con la bacchetta mescolate l'acqua in senso orario. Fate 7 cerchi completi intorno al cristallo mentre mescolate.

Esponete il cristallo in un'area comune della casa.

Incantesimo di protezione

Un incantesimo di protezione di base che vi aiuterà a concentrarvi e a evitare che le vostre intenzioni vengano deviate. Questo incantesimo è utile anche per creare una barriera contro la cattiva volontà degli altri.

Disegnate un pentacolo davanti a voi (figura sopra).

Cantate quanto segue:

"*Per il potere della stella a cinque punte,*
spiriti sia voi vicini o lontani,
Ti invoco, ascolta questo grido,
Gli spiriti che proteggono vengono ora e volano,
Oh spiriti, ora vi chiedo di farlo,
per proteggermi dall'energia oscura,
così sia... così sia... così sia".

Runa di protezione

"Algiz, Runa della Vita

Algiz è una potente runa di protezione e può essere disegnata su carta e collocata o incisa in un luogo vicino, come sull'altare, sui vestiti, sugli strumenti rituali o sul corpo. Può anche essere usata per creare i propri incantesimi di protezione. L'Algiz è una delle rune più comuni trovate tra i reperti archeologici in Scandinavia e veniva comunemente posta sugli scudi dei guerrieri prima di andare in battaglia.

Pozione di protezione

Questa pozione funge da barriera contro gli spiriti maligni. La verbena è stata usata per secoli come protezione contro i vampiri e agisce contro qualsiasi spirito maligno. Il basilico è stato usato anche per proteggersi dal malocchio, ovvero quando qualcuno vi lancia energie negative con lo sguardo.

È necessario:
1/2 tazza di acqua
1 cucchiaino di verbena o 5 gocce di olio di verbena
2 cucchiai di sale marino
1 cucchiaino di basilico o 5 gocce di olio di basilico
Vaso di vetro

Cospargete leggermente la pozione in giro per casa in luoghi discreti (ad esempio negli armadi) e ungete la suola delle vostre scarpe e di quelle dei vostri cari. Questa pozione può anche essere usata come potente ingrediente rituale per qualsiasi incantesimo di protezione.

Bottiglia della strega (rimozione della maledizione/protezione)

Le bottiglie delle streghe sono state utilizzate nella magia popolare per centinaia di anni per spezzare le maledizioni e proteggere il creatore dall'attacco magico di un'altra strega. Sono un tipo di incantesimo in vaso.

È necessario:
Vaso o bottiglia
Il sale
Candela nera
Qualcosa da parte della vittima
Chiodi o spilli piegati
Urina o vino

Fate questo come qualsiasi altro incantesimo del vaso. Concentrate la vostra intenzione. In questo caso, si tratta della rimozione di una maledizione o della protezione da un attacco magico. Inserite gli oggetti uno alla volta. Iniziate con il sale come base e poi con l'oggetto da voi o dalle persone che state cercando di proteggere. Può trattarsi di unghie, capelli, denti, una foto o qualsiasi altra cosa ad essi collegata. Inserite poi le unghie e/o gli spilli, quindi l'urina o il vino.

Chiudete il barattolo e sigillatelo con la cera nera della candela. Seppellite il vaso nel vostro giardino, concludendo il rituale. Questo barattolo serve come una sorta di esca per le energie negative, intrappolandole sotto terra e lasciandovi liberi dal male.

Rituale di disfacimento

Quando un incantesimo non va come desiderato, che si tratti di una mancanza di concentrazione, di un'intenzione sbagliata o di risultati inaspettati, è bene eseguire un rituale di annullamento per evitare ulteriori danni. Si tratta di inviare energie per negare quelle che si desidera annullare.

È necessario:
Isa Rune
Pennello/pittura o penna
Pergamena/carta

"Isa Rune"

Isa è la runa Futhark del ghiaccio e rappresenta il legame, il freddo gelido ed è l'opposto di Fehu, la runa del movimento. Useremo Isa per congelare e annullare le energie dell'incantesimo che desiderate annullare. Mettete la pergamena di fronte a voi e disegnate un grande pentacolo con il pennello o la penna; all'interno del pentacolo disegnate la runa Isa. Mentre pensate all'incantesimo che volete annullare, pronunciate quanto segue:

"Soffiano venti gelidi,
Raffreddare queste forze che desidero annullare,
Bloccato sul posto, impotente ora,
Rilasciato solo se lo permetto".

Piegate o arrotolate la carta e conservatela in un luogo sicuro; se volete disfarla, distruggete semplicemente la pergamena.

Incantesimo di bandire (Bando degli spiriti e dei demoni)

Se vi accorgete di essere perseguitati da uno spirito, da un demone o da un'altra entità soprannaturale, dovrete lanciare un incantesimo di allontanamento per liberarvi della loro presenza.

Cosa vi serve:
Sale a sufficienza per disegnare un pentacolo.
Cristallo di citrino o selenite
Una stanza con una finestra

Disegnate un pentacolo a terra o sul vostro altare con il sale, mettete il cristallo al centro del pentacolo, aprite la finestra e cantate per tre volte quanto segue:

"Cenere alla cenere, polvere alla polvere,
Tornate da dove siete venuti,
Non siete più i benvenuti, è ora di andare,
Lo faccio nel nome di Ecate!".

Chiudere la finestra e rimuovere il pentacolo per completare l'incantesimo.

Vaso di protezione

Questo vaso proteggerà il creatore o chiunque abbia intenzione di creare. Se volete, cambiate gli ingredienti per adattarli al vostro stile. Io uso ingredienti che sono generalmente noti per le loro qualità protettive.

È necessario:

Vaso

Candela bianca

Sporco o sabbia

Cristallo (quarzo o tormalina nera)

Pepe bianco

Foglia di basilico

Cannella (in polvere o in bastoncini)

Conchiglia

Pulite gli ingredienti e metteteli sull'altare o nello spazio rituale insieme al vaso.

Meditate per un momento sul vostro intento, ad esempio sul bisogno di essere sicuri e protetti dal male. Se cercate protezione da una cosa specifica, concentratevi su quella cosa e sulla sua incapacità di farvi del male.

Mantenete la concentrazione mentre versate la terra o la sabbia nel vostro vaso. Questa è la vostra base. Continuate a inserire ogni elemento uno alla volta, mentre dirigete le vostre energie e il vostro intento negli oggetti.

Accendete la candela bianca e lasciate che la cera coli sulla guarnizione del barattolo. Si può anche mettere la candela sopra il barattolo e lasciarla bruciare completamente, ricoprendo il barattolo di cera.

Il barattolo può ora essere nascosto o sotterrato. Il barattolo può essere collocato dietro un muro, in fondo a un armadio, sotto il letto o addirittura incassato nelle pareti della casa. Se il barattolo è abbastanza piccolo, si può anche portare con sé.

Incantesimo "Pentacle Ward

È necessario:
Bastoncino di salvia
Incenso al sandalo

Iniziate a meditare fino a raggiungere il punto di completa tranquillità. È necessario svuotare la mente da tutti i pensieri e i sentimenti negativi. Mettete un bastoncino di incenso al sandalo in ogni stanza della vostra casa. Pregate la vostra divinità per la protezione della vostra casa e della vostra famiglia.

Accendete il bastoncino e iniziate a tracciare un pentacolo nell'aria in corrispondenza delle finestre e delle porte di ogni stanza. Iniziate dalla parte inferiore sinistra del pentacolo e immaginate che si formi una cupola sulla vostra casa. Questo incantesimo deve essere ripetuto ogni mese perché le protezioni perdono potere con il tempo. Concludete ringraziando il vostro dio/la vostra dea preferiti.

Pietra di protezione

Trovate una pietra con un'alta vibrazione; per farlo, tenetela in mano e sentite le sue energie. Portate la pietra all'esterno e trovate un posto tranquillo dove sedervi. Fissate la pietra, mettetevi a terra e caricate la pietra con energia e intenzione. Dite quanto segue:

"Pietra, il male lo negherai.
Inviatelo alla Terra e al cielo.
Mandatelo alla fiamma e al mare,
Pietra del potere, proteggimi".

Potete portare questa pietra con voi, tenerla in casa o regalarla a qualcuno per proteggerlo.

Strumenti rituali

Tutti conosciamo gli strumenti rituali di base, come bacchette, pugnali, candele e incenso, ma ci sono molti altri strumenti che le streghe usano da secoli e che l'osservatore comune non conosce. Questi strumenti possono aggiungere potenza e varietà agli incantesimi che aiutano a manifestarsi e di solito possono essere realizzati con oggetti di uso domestico.

Acqua di luna

L'acqua lunare viene utilizzata in incantesimi, pozioni, sigilli di pulizia e di carica, praticamente in tutte le pratiche di stregoneria in cui si utilizza l'acqua e si ha bisogno del potere e della protezione della luna. Quest'acqua può anche essere posta sull'altare e utilizzata come rappresentazione dell'elemento acqua e della luna. L'unica parte essenziale di un rituale per preparare l'acqua lunare è la presenza della luna nel cielo notturno. Si può semplicemente collocare il vaso su un davanzale o fare un rituale complesso invocando una divinità.

È necessario:

Un barattolo o una bottiglia di vetro trasparente con coperchio

Acqua

Un luogo in cui collocare in modo sicuro il barattolo all'esterno durante la notte (va bene anche la guarnizione di una finestra; se il congelamento è un problema, si può collocare il barattolo all'interno sulla guarnizione).

Riempite il contenitore d'acqua e mettetelo all'esterno o a una finestra quando la luna sarà sorta nel cielo. Se lo desiderate, potete rivolgere una preghiera a qualsiasi divinità o dea di vostra scelta; questo è particolarmente utile se intendete usare l'acqua in un rituale che coinvolga tali divinità. Le dee lunari più comuni che si possono invocare sono Selene, Artemide, Ecate, Diana, Bastet, Luna, Astarte o Phoebe.

Esempio di rituale di benedizione dell'acqua lunare che invoca Ecate:

Pronunciare quanto segue in presenza della luna, una volta che il sole è completamente scomparso dalla vista.

"Invoco la grazia di Ecate,
Vi chiedo di concedermi le vostre benedizioni e il vostro potere in questa notte così importante.
Riempi me e la mia Acqua Lunare con la tua grazia divina, affinché io possa realizzare i miei scopi e portare una chiarezza accecante nell'oscurità, come hai sempre fatto".

Mettete il vaso all'aperto per un'oretta o recuperatelo al mattino, senza preoccuparvi che il vaso entri in contatto con la luce del sole, poiché la vostra intenzione era quella di caricare il vaso con la luce della luna e la luce del sole non può semplicemente annullarla.

Fasi lunari

L'acqua lunare può essere caricata in qualsiasi fase lunare e si possono usare fasi diverse per tipi diversi di acqua lunare, anche se non è necessario. Queste fasi e i loro punti di forza possono essere applicati anche ad altri incantesimi.

Luna piena: guarigione, carica, scacciare, magia d'amore, pulizia, protezione

Gibboso calante: purificazione, rinuncia, scioglimento di maledizioni e legami

Ultimo trimestre: rompere le maledizioni e le cattive abitudini, bandire, abbandonare

Mezzaluna calante: successo, cura delle malattie, raggiungimento della saggezza, equilibrio, espiazione.

Luna oscura: ricerca dell'anima, scacciare, divinazione, decostruzione, legame

Mezzaluna crescente: ricchezza, fortuna, magia costruttiva, amicizia, attrazione, successo.

Primo trimestre: motivazione, divinazione, calmante, forza, crescita

Cera gibbosa: successo, buona salute, attrazione, motivazione

Luna nuova: nuove relazioni, amore, nuovi inizi, cambiamento, spazi liminari

Acqua di mare

L'acqua di mare/oceano può essere utilizzata da una strega per una miriade di cose. È ottima per la pulizia e può essere usata in un flacone spray o come bagno per qualsiasi oggetto magico o banale. Potete anche metterne un barattolo o una bottiglia sul vostro altare per rappresentare gli elementi Acqua e Terra.

Non è sempre facile raccogliere la propria acqua di mare, ma fortunatamente è possibile prepararne una altrettanto efficace. Potete lavorare con qualsiasi dio/dea che abbia il dominio sul mare. In questo rituale lavorerò con Anfitrite, la moglie di Poseidone, ma potete lavorare anche con Ecate, anch'essa onorata e venerata come dea del mare.

Cosa vi serve:
Acqua calda (2 tazze)
Conchiglia
Sale marino (4 pizzichi)
Contenitore per la miscelazione

Mescolate il sale marino e l'acqua fino a sciogliere tutto il sale. Tenete in mano la conchiglia e pronunciate ad alta voce quanto segue:

"Anfitrite! Regina del mare!
Vi chiedo di prestare il vostro potere a questo vascello!

Potente dea degli abissi!
Vi do il benvenuto e vi ringrazio!".

Lasciate cadere la conchiglia nell'acqua e il rituale è completo.

Ricordate di ringraziare il vostro dio o la vostra dea quando utilizzate l'acqua di mare.

Sale nero

Il sale nero è un ingrediente comunemente usato nella stregoneria e può essere ricavato da semplici oggetti domestici. Il sale nero è un potente ingrediente e strumento di protezione che può essere usato come parte di qualsiasi rituale più grande che richieda un qualsiasi tipo di sale o semplicemente sparso per casa o tenuto in una bustina per protezione.

È necessario:
Sale marino
Ceneri

Il modo più semplice per fare il sale nero è prendere un po' di cenere dal vostro bruciatore di incenso o dal camino e macinare 2 parti di sale con 1 parte di cenere. Mentre mescolate gli ingredienti, assicuratevi di caricare il sale con un intento protettivo.

Si possono aggiungere altri ingredienti protettivi come gusci d'uovo, cannella o un pizzico di terra del cimitero acquisita eticamente. Quando si acquisisce la terra del cimitero, assicurarsi di lasciare un'offerta come tabacco, sale o zucchero.

Polvere di Goofer

La polvere di Goofer deriva dalla tradizione dell'hoodoo ed è generalmente utilizzata per lanciare maledizioni e maledizioni. Può essere preparata con una varietà di ingredienti, ma in genere utilizza una combinazione di terra (di solito proveniente da un cimitero), cenere, zolfo, polvere da sparo, polvere di ferro, capannone di serpente, pepe nero o rosso e sale. Si può usare uno qualsiasi di questi ingredienti, in qualsiasi combinazione, mentre si stabilisce l'intenzione di creare questa polvere, che può essere usata in una varietà di esagoni.

Barattoli

Gli incantesimi in barattolo sono un'antica forma di magia popolare che può essere realizzata in vari modi per un numero quasi illimitato di scopi. L'artefice stabilisce/definisce il proprio intento e inserisce gli oggetti carichi in un barattolo. Il vaso viene poi sigillato e gettato via con una cerimonia. I vasi di protezione sono tipicamente sepolti o nascosti, anche se alcuni incantesimi richiedono la distruzione del vaso. Le caratteristiche specifiche dei vasi non sono importanti: l'intento e la concentrazione sono ciò che fa funzionare tutto.

Il primo passo è definire e fissare le proprie intenzioni, sapere esattamente cosa si vuole e rimanere concentrati. Potete anche scrivere la vostra intenzione su un pezzo di carta da inserire nel vaso durante il rituale. Poi si riempie il vaso con gli oggetti legati al proprio intento, come cristalli, spezie, erbe, liquidi e qualsiasi altra cosa si desideri utilizzare.

Inserite gli oggetti uno alla volta, caricando ogni oggetto focalizzando il vostro intento su di esso mentre lo mettete nel barattolo. Dopo aver messo tutto nel barattolo, dovete sigillarlo in modo che le energie all'interno della bottiglia siano contenute. Potete farlo facendo colare la cera della candela sul sigillo o lasciando che la candela bruci sul barattolo. Se il coperchio è di plastica, dovrete interporre della carta ignifuga tra la candela e il coperchio. Potete anche usare spago, colla, miele o qualsiasi altra cosa che funzioni per mantenere il barattolo energeticamente sigillato.

A questo punto il barattolo può essere seppellito, distrutto o nascosto in modo che possa esercitare la sua magia. Potete anche creare dei piccoli vasetti e portarli con voi. Io tengo un piccolo vaso di protezione con me ogni volta che esco di casa.

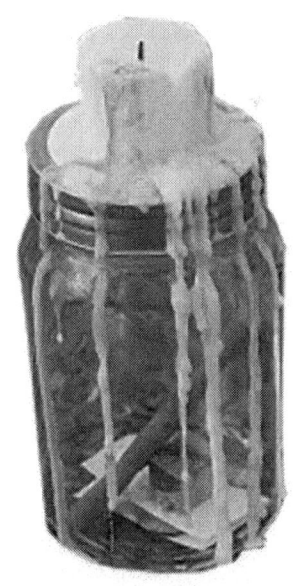

Magia nera

Quando pensiamo alla magia nera, in genere pensiamo a rituali che mirano a portare il disastro e la rovina sui nostri nemici, e anche se questo può essere vero, la stregoneria nera è un percorso che porta a molto di più della semplice distruzione. Ciò che le persone considerano "magia nera" varia a seconda di chi lo chiede, come probabilmente già sapete è un argomento molto controverso nella comunità più ampia della stregoneria. Molti considerano magia nera qualsiasi rituale "egoista", come i rituali che mirano a ottenere potere, ricchezza e amore, spesso attraverso la manipolazione della volontà altrui. In qualunque modo decidiate di considerare queste pratiche è una decisione personale e vi suggerisco di meditare sull'argomento e di consultarvi con la vostra divinità/gli spiriti prima di tuffarvi a capofitto in questa potente magia. La ricerca del potere può essere logorante ed è meglio fare piccoli passi sulla via del dominio per non essere sopraffatti. I rituali che includo variano molto nella loro portata e sono tutti incentrati sul raggiungimento dei desideri attraverso il culmine dell'esperienza e del potere; fate attenzione a essere consapevoli della gravità di questi incantesimi e di ciò che potrebbero far trasparire e prendete sempre sul serio il lavoro rituale.

Cerchio d'ombra

Un cerchio d'ombra è un luogo sacro e schermato per condurre rituali che richiedono la massima concentrazione e focalizzazione, particolarmente utile quando si conducono rituali malevoli. Lanciate questo cerchio per prevenire qualsiasi energia vagante che potrebbe interrompere o ostacolare la vostra capacità di concentrarvi e focalizzare le vostre intenzioni. Il cerchio è in realtà una sfera di protezione che può essere di qualsiasi dimensione. In questo rituale userò un athame per lanciare il cerchio, ma potete usare una bacchetta, la vostra mano o un bastone. Praticamente qualsiasi strumento fallico funzionerà.

È necessario:
Athame, bacchetta, bastone o mano
Spazio per creare un cerchio

Visualizzate l'oscurità che scorre intorno a voi. Prendete l'athame nella mano sinistra e spingetelo verso sud, con un movimento antiorario, poi girate di 360 gradi fino a tornare al punto di partenza a sud. Mentre le ombre girano intorno a voi, sentite la pressione che aumenta e l'energia dell'ombra che si comprime contro di voi. Sentite il freddo dell'abisso intorno a voi: sentite il suo gelo, ma non lasciate che influisca sulla vostra concentrazione.

Quando le ombre si avvicinano, spingetele indietro in un cerchio di due metri intorno a voi, creando una barriera di oscurità. Questo è il vostro cerchio d'ombra, un luogo sacro protetto che vi permetterà di condurre i vostri rituali senza interruzioni. Ora potete condurre un rituale, meditare o qualsiasi altra cosa che richieda una perfetta concentrazione. Chiudete il cerchio tagliandolo con l'athame della mano dominante. Dedicate del tempo alla meditazione all'interno del cerchio d'ombra per rafforzare la vostra concentrazione, il vostro potere e la vostra capacità di focalizzare le vostre intenzioni quando conducete una magia potenzialmente dannosa.

Bustina per sogni da incubo

Questo rituale fa fare alla persona sogni orribili, le fa vivere le sue più grandi paure ogni notte e le fa dormire sonni agitati finché il rituale è in vigore.

È necessario:

Runa di Thurisaz (disegnata/dipinta su carta)
Piccolo astuccio/borsa
Foglie di belladonna (pomodoro, belladonna, tabacco, melanzana, patata, peperone, ecc.)
Pepe nero

"Runa di Thurisaz"

Disegnate la runa di Thurisaz sulla carta, piegatela e mettetela nell'astuccio. Ora mettete le foglie di belladonna nell'astuccio (se avete difficoltà a prendere le foglie di belladonna, il metodo più semplice è usare il tabacco di un sigaro/sigaretta). Prendete un pizzico di pepe nero tra il pollice e l'indice e spargetelo lentamente nell'astuccio mentre pronunciate la seguente frase:

"Forse siete stanchi, ma non troverete riposo,
Le vostre più grandi paure infetteranno la vostra mente,
Ogni notte avrai paura,
quando ti coricherai in questo letto che hai fatto".

Il bersaglio sperimenterà incubi vividi finché non terminerà l'incantesimo scartando il contenuto del sacchetto.

Rimuovere da un oggetto

Questo rituale può essere usato per rimuovere energie o entità maligne o maledette/negative da qualsiasi oggetto.

È necessario:
1 candela bianca
Il sale
Oggetto maledetto
Pentacolo
Panno nero
Cristallo di tormalina

Appoggiate l'oggetto sul panno nero e metteteci sopra il pentacolo; se non potete metterlo sopra l'oggetto, fate in modo che lo tocchi. Accendete la candela e mettetela davanti all'oggetto.

Prendete il sale e usatelo per disegnare un cerchio intorno all'oggetto, assicurandovi che il cerchio sia il più spesso e perfetto possibile; a me piace fare i miei cerchi di sale con uno spessore di circa mezzo centimetro, ma finché il cerchio è completo funzionerà.

Posizionate la tormalina in modo che confini con il cerchio di sale all'esterno; durante il rituale romperete il cerchio di sale per aprire un percorso verso il cristallo.

Dite quanto segue:

"Energia positiva, resta con me,
L'energia negativa mi lascia in pace.
Vattene, il tuo posto non è qui,
Andare lontano, mai vicino.
Chiedo che tutto il male fugga.
Esigo che mi ascoltiate.
Esci, esci, esci.
Andate via, andate via. Ascoltate il mio grido.
Questa è la mia volontà, così sia".

Ora tracciate un percorso attraverso il sale che porti al vostro cristallo di tormalina; le energie maledette contenute nell'oggetto usciranno dal cerchio e saranno neutralizzate dalla tormalina mentre cercano di fuggire.

Maledizione Voodoo del tracciare i piedi

Si tratta di una maledizione diffusa tra i praticanti del voodoo e divenuta ben nota negli Stati Uniti meridionali all'inizio del 1900. Consiste nell'uso di una polvere magica che provoca dolore e gonfiore ai piedi e alle gambe dell'obiettivo. Esistono diverse varianti del rituale e io mi occuperò di tre delle più comuni.

È necessario:

Ciotola di miscelazione (mortaio e pestello)
3 parti di polvere (talco/gomma arabica/farina)

1 parte di pepe di Caienna in polvere
1 parte di zolfo
1 parte di pepe nero
1 parte di pelle di serpente in polvere (facoltativo, aumenta la potenza)

Per prima cosa è necessario preparare la miscela (spesso chiamata polvere di goofer), unendo tutti gli ingredienti nella ciotola e mescolando molto bene. Il modo più comune di somministrare la polvere è quello di spargere la polvere su un sentiero che il vostro bersaglio percorrerà a piedi; quando stendete il sentiero, assicuratevi che le vostre intenzioni siano concentrate sul vostro bersaglio, in modo da non colpire inavvertitamente chiunque altro si trovi a camminare sul sentiero.

Potete anche prendere un po' di terra da un sentiero che il vostro bersaglio ha già percorso, prendere la terra e metterla in un vassoio o in un piatto e cospargere la polvere sopra la terra. Un terzo metodo consiste nel mettere la polvere direttamente sulle scarpe del bersaglio, cospargendola sul fondo delle scarpe.

Fate attenzione quando maneggiate la polvere, indossate i guanti e lavatevi le mani se vengono a contatto diretto con la polvere. Assicuratevi di non inalare la polvere perché può causare problemi respiratori; vi suggerisco di indossare una maschera antipolvere durante la preparazione della polvere.

Incantesimo di chiaroveggenza

Questo incantesimo vi permetterà di vedere le vere intenzioni delle persone e vi darà il potere di vedere attraverso qualsiasi illusione o manipolazione.

È necessario:
Incenso all'ambra
Candela blu

Accendete la candela e l'incenso e dite quanto segue:

"Veritas, Dea della Verità!
Concedimi il potere di vedere attraverso le bugie,
Vedere l'intenzione negli occhi di tutti,
Che l'inganno sia dannato, che le illusioni siano svanite
Una vista su cui contare".

Assicuratevi di ringraziare Veritas per il vostro nuovo dono di chiaroveggenza, lavorate su questa abilità attraverso la meditazione; questo rituale può essere ripetuto ogni volta che volete come rituale per Veritas. Man mano che il vostro legame con Veritas crescerà, cresceranno anche i vostri poteri di chiaroveggenza.

Maledizione della perversione

Questo incantesimo viene utilizzato per maledire un pervertito maligno, una persona che molesta e fa avances indesiderate, chi minaccia la sicurezza degli altri e chi cerca di commettere violenza contro gli innocenti.

È necessario:
Banana acerba (banana verde)
Coltello
Spilli (circa 12 dovrebbero bastare)
Filato nero
Sale nero
Candela nera

Tenete a mente il vostro bersaglio per tutto il tempo di questo rituale, immaginando il suo volto mentre fate ogni passo. Sbucciate la banana per circa metà, in modo che la polpa sia esposta, prendete il coltello e tagliate la parte esposta della banana in 3 sezioni. Strofinate il sale nero tra i pezzi tagliati e poi appuntateli insieme. Usate il filo per legare insieme i pezzi, accendete la candela e dite quanto segue.

"Non porterete più paura e allarme a chi non vuole,
Le vostre azioni perverse vi causeranno dolore e sofferenza,
Vi ordino di smettere o di affrontare conseguenze terribili,
Lo faccio per proteggere gli innocenti, nel nome di Ecate!".

Fate colare la cera della candela su tutta la banana e spegnete la candela; potete seppellire la banana o semplicemente gettarla nella spazzatura.

Barattolo acido

Un barattolo acido funziona per inacidire la vita/le relazioni del vostro bersaglio. Questa magia popolare Hoodoo può essere usata per colpire una singola persona, ma è spesso usata per rompere una relazione, sia essa romantica, familiare o anche lavorativa. I vasi inaciditi possono essere realizzati in vari modi, ma in genere contengono un liquido acido, come l'aceto, come base e altri oggetti carichi di intenzioni per rappresentare e concentrare le energie utilizzate nella maledizione. Come altri incantesimi per i vasi, questo rituale può essere personalizzato per adattarsi alle vostre esigenze; l'importante è l'intenzione e la concentrazione durante il processo di creazione del vaso. Quello che segue è un rituale tradizionale Hoodoo per il vaso acido.

È necessario:

Barattolo o bottiglia con coperchio di metallo

Qualsiasi tipo di aceto

Unghie

Salsa piccante o peperoni

Pepe in scaglie/polvere

Immagine o qualcosa che rappresenti gli obiettivi

Documento di petizione

Candela nera

Immaginate ciò che volete ottenere da questo rituale e tenetelo a mente per tutta la durata del rituale. Ungete (strofinate) la candela con un po' di aceto, cospargete un po' di pepe in fiocchi sulla candela e accendetela.

Versate l'aceto nel barattolo fino a riempirlo per metà. Sulla carta della petizione, scrivete ciò che desiderate si verifichi. Può essere semplice come scrivere "vita inacidita" o dettagliato come "la loro relazione si inacidirà e porterà alla separazione". Inserite gli oggetti, uno alla volta, concentrandovi sulla vostra intenzione. Chiudete il barattolo e mettete la candela in cima al barattolo. Lasciate che la cera scenda sul coperchio, "sigillando" il barattolo. Se il vostro barattolo non è di metallo o resistente al calore, potete far gocciolare la cera sul barattolo per sigillarlo.

Ogni giorno, per sette giorni, scuotete il barattolo mentre focalizzate le vostre intenzioni. Fate attenzione se usate aceto crudo o altre sostanze organiche, perché la pressione potrebbe accumularsi all'interno del barattolo, facendolo scoppiare, soprattutto se il barattolo viene tenuto in un luogo caldo. In alternativa, potete riaccendere la candela ogni giorno per riorientare le vostre intenzioni e rinvigorire le energie dell'incantesimo. Dopo sette giorni potete disfarvi del vaso nel modo che ritenete più opportuno.

Freccia esagonale

Si tratta di un semplice esagono che provoca disgrazie e che richiede solo di conoscere la posizione/direzione del bersaglio. Il modo più semplice per farlo è conoscere il luogo di lavoro o di residenza e sapere quando si troverà in uno dei due luoghi. Per trovare la direzione si può usare una mappa e una bussola, se non si ha una bussola si può usare il Sole (che sorge a est e tramonta a ovest) o le stelle.

È necessario:
Mappa e bussola

Dovrete fare la pantomima come se steste preparando e scoccando una freccia da un arco invisibile. Rivolgetevi verso la direzione e fate/dite quanto segue:

Estrai una freccia dalla faretra che hai sulla schiena.
*"Prego che questa freccia trovi il suo bersaglio,
E trafigge il tuo cuore in modo così oscuro"*.

Preparare la freccia nell'arco e tirare la corda.
*"Un'esortazione per punire le vostre vie malvagie,
Sentirai la puntura come un raggio che brucia"*.

*Rilasciare la corda per scoccare la freccia.
*"Questo è il primo, fate attenzione, prendete nota,
La prossima volta punterò alla gola"*.

Maledizione della freccia

Questo incantesimo è una continuazione/alterazione dell'ultimo incantesimo che ha conseguenze molto più terribili, invece di causare semplici disgrazie questo rituale porterà rovina e caos nella vita di una persona.

È necessario:
Mappa e bussola
Incenso o piuma (Aria)
Candela (Fuoco)
Kyanite o ossidiana nera (Terra)
Conchiglia di mare o piccola ciotola d'acqua (acqua)

Disporrete gli oggetti rituali intorno a voi, ognuno rivolto verso la propria direzione cardinale. Collocate l'oggetto di terra a nord, l'aria a est, il fuoco a sud (accendete la candela) e l'acqua a ovest. Mettetevi al centro e rivolgetevi verso la direzione del vostro bersaglio. Anche in questo caso si tratta di pantomima/reazione dell'atto di estrarre una freccia, prepararsi e sparare al bersaglio.

Dite e fate quanto segue:

Estrai una freccia dalla faretra che hai sulla schiena.
"*Questa freccia ha uno scopo ben preciso,*
Per cercarti, lontano o vicino che sia".

Preparare la freccia nell'arco e tirare la corda.
"*Dea prestami la tua forza e la tua mira,*
Desidero portare loro rovina e dolore".

Rilascia la corda mandando la freccia sulla sua traiettoria.
*"Sventura e miseria, dritto al cuore,
Questa maledizione farà a pezzi la tua vita"*.

Si può annullare questa maledizione estraendo un'altra freccia dalla faretra e spezzandola sul ginocchio mentre si immagina il bersaglio originale; questo annullamento funziona sia per la maledizione che per la maledizione.

Maledizione del Poppet Effigie

È necessario:
Effigie o poppit
Candela nera
Contenitore ignifugo

La maledizione dell'effigie utilizza un'immagine o una rappresentazione (effigie) della vittima designata e la fiamma di una candela nera. L'effigie può essere qualsiasi cosa si desideri. Il nome della vittima su un piccolo pezzo di carta è pragmatico e semplice. Tenete presente che state per dare fuoco all'effigie.

La quantità di danni causati alla vittima è correlata alla quantità di energia e di rabbia che si mette nel rituale. Questo rituale causerà tipicamente disgrazie sotto forma di ferite o la perdita di qualcosa di caro. I praticanti avanzati possono dirigere le loro intenzioni per ottenere un risultato specifico.

Accendete la candela nera sull'altare e mettete una ciotola o un piatto ignifugo davanti alla candela. Prendete con cautela la vostra effigie e date fuoco all'angolo con la candela, in uno spazio ben ventilato, preferibilmente all'aperto. Lasciate immediatamente cadere l'effigie nella ciotola e cantate ad alta voce quanto segue.

"Questo è il tempo della punizione,
Invoco gli elementi,
Li convoco,
Li evoco per eseguire i miei ordini,
Le quattro torri di guardia, concedimi il tuo potere,
Far emergere la paura, il senso di colpa e il dolore,
Ci sarà una sottomissione senza pietà,
Rivolgo il mio odio contro di te,
Contro di te sarà diretto,
Il costo della mia rabbia e del mio dolore è centuplicato,
Sarai tormentato dalla paura, unto dal dolore,
Accecato da me, legato da me, maledetto da me, così sia!".

Una volta che il fuoco si è spento, si può spegnere la candela per concludere il rituale.

Scala delle streghe mortale

Le scale delle streghe sono state utilizzate per secoli per una varietà di ragioni e scopi, e consistono nel fare dei nodi a una corda, a un filo o a uno spago, infondendo a ogni nodo un'intenzione magica. Questa scala delle streghe viene utilizzata per lanciare maledizioni e maledizioni.

È necessario:
Corda o filo sottile
Pepe nero

La corda deve essere abbastanza lunga da poter fare diversi nodi, di solito 3, 6 o 9, a seconda delle preferenze. Quando fate i nodi assicuratevi di non stringerli troppo, perché li scioglierete quando sarete pronti a liberare le energie che avete infuso. Iniziate a ricoprire la corda di pepe nero e a lavorarlo con le dita. Ora che tutto è pronto, potete iniziare a fare i nodi.

Mentre fate ogni nodo, concentratevi e focalizzatevi sulle energie malefiche che vi state mettendo dentro. Immaginate l'oscurità vorticosa che state sigillando in ogni nodo e il potere potenziale che verrà immagazzinato finché non sarete pronti a rilasciarlo. Potete alternare le quantità di energia in ogni nodo per ottenere effetti diversi; di solito faccio in modo che il primo nodo sia una lieve maledizione e il successivo una maledizione feroce. Per esempio: Primo nodo maledizione, secondo nodo maledizione, terzo nodo maledizione, quarto nodo maledizione e così via. Quando si è pronti a liberare le energie delle maledizioni, basta concentrarsi su un bersaglio e sciogliere il nodo: la magia cercherà il bersaglio infliggendo ciò che si è instillato nei nodi.

Anello dell'Incanto del Potere

Molti praticanti delle arti oscure incantano diversi oggetti per rafforzare il legame con una divinità o per aumentare le proprie energie oscure. Uno degli oggetti più comuni ad essere impregnati di questo potere è un anello. In questo incantesimo chiederemo a Lyssa, la Dea della Rabbia, di impregnare il nostro anello con la sua benedizione.

È necessario:
Un anello
Ciotola delle offerte
Due candele nere
Una candela rossa

Iniziate mettendo sull'altare una piccola ciotola con noci e/o frutta come offerta alla Dea. Accendete due candele nere e posizionatele ai lati opposti dell'altare. Mettete una candela rossa tra le candele nere e posizionate l'anello alla base della candela rossa in modo che la cera coli sull'anello.

Concentratevi sulla rabbia e sull'odio per qualsiasi cosa possiate avere e lasciate che la rabbia si accumuli fino a sfociare nell'ira.

Dite quanto segue:

"Lyssa, Grande Lyssa, ti chiedo di concedermi un dono di forza. Questo anello davanti a voi è mio e ora vostro. Quando lo indosso, posso invocare il vostro potere e voi potete invocare il mio servizio. Dea della Follia e della Rabbia, vieni fuori e sii legata a me attraverso la furia e l'odio reciproci, Non sprecherò la tua forza, mia dea".

Spegnete le candele nere e lasciate bruciare la candela rossa finché la cera non tocca l'anello. A questo punto l'incantesimo è completo.

Togliete l'anello dall'altare e indossatelo. Se il risultato è positivo, dovreste sentire il potere scorrere nel vostro corpo. In caso contrario, vi suggerisco di lavorare sulla vostra connessione con la dea e sulla vostra rabbia interiore.

L'anello può essere indossato in qualsiasi modo: su una collana, in tasca, in una borsa, ecc. Finché manterrete il vostro legame con Lyssa e le farete offerte e preghiere regolari, l'anello manterrà il suo potere.

Vaso di miele

I vasetti di miele sono rituali popolari ben noti che servono ad addolcire l'atteggiamento di qualcuno nei vostri confronti, incoraggiandolo ad avere un'opinione favorevole di voi e/o di un altro, a seconda della vostra carta di petizione. Può essere usato per ottenere un'attenzione positiva che potrebbe portare a una relazione, a una promozione, all'inclusione in un'eredità o a qualsiasi altra cosa desideriate manifestare. Si tratta di un tipo di magia popolare Hoodoo, molto utilizzata e nota per la sua efficacia. Può essere realizzata con semplici oggetti domestici.

È necessario:
Barattolo o bottiglia richiudibile
Candela rosa o rossa
Miele o zucchero
Immagine o qualcosa che rappresenti l'obiettivo
Petali di rosa, lavanda e/o bacche di vaniglia (facoltativi)
Documento di petizione

Ungere (strofinare) la candela con il miele o lo zucchero (mescolato con un po' d'acqua). Accendete la candela e preparate il vostro spazio concentrandovi su ciò che desiderate manifestare. Sulla carta delle petizioni scrivete ciò che desiderate sia il risultato del rituale. Ad esempio: "Zack vedrà il mio valore e mi darà la promozione". Siate il più specifici possibile per obiettivi specifici. In alternativa, potete scrivere una frase generica come "amami", tutto dipende da ciò che state cercando di ottenere.

Mettete gli oggetti nel barattolo uno alla volta, concentrandovi sulla vostra intenzione e dirigendo queste energie in ogni oggetto man mano che viene inserito nel barattolo. Chiudete il barattolo e metteteci sopra la candela. Lasciate che la cera della candela si sciolga sul coperchio per "sigillare" l'incantesimo. In alternativa, potete far gocciolare la cera della candela sul barattolo se il vostro barattolo o la vostra bottiglia non sono a prova di calore.

Conservare il barattolo in un luogo sicuro finché non si desidera che i suoi effetti rimangano attivi. Per terminare l'incantesimo, togliere i sigilli al barattolo e smaltire o riciclare il contenuto.

Maledizione della vitalità della mela marcia

Questa maledizione utilizza una mela per privare una persona delle sue energie vitali: quando la mela marcisce, anche la sua vitalità e il suo sostentamento si esauriscono.

È necessario:
Mela (qualsiasi tipo va bene)
Coltello
7 chiodi
Carta

Con il coltello tagliate la mela a metà; potete tagliarla in qualsiasi direzione, orizzontale o verticale, non importa.

Scrivete il nome del destinatario sulla carta e ripiegatela fino a quando non sarà abbastanza piccola da entrare tra le due metà della mela. Posizionate il foglio all'interno della mela e utilizzate i chiodi per ricongiungere le due metà in modo che rimangano unite e dite quanto segue:

"I frutti più freschi iniziano a marcire,
Le loro mode cromatiche, la loro bellezza dimenticata,
Consumato dai parassiti, divorato e scomparso,
Condividete il suo destino, per tutto ciò che avete fatto di male,
E così è e così sarà,
Finché non sceglierò di liberarti".

Prendete la mela e seppellitela all'esterno, a diversi centimetri di profondità; man mano che la mela marcisce, anche le forze vitali della persona che state maledicendo si dissolvono. Per liberarla dalla maledizione, potete versare una tazza di acqua lunare nel punto in cui avete seppellito la mela.

Un incantesimo di seduzione

Si tratta di un rituale della durata di tre notti che sicuramente attirerà l'attenzione di chiunque desideri. Funziona rivolgendosi a una persona specifica con grandi quantità di energia nel corso di tre notti.

È necessario:
Una candela rossa
Pezzo di carta rossa o rosa

Matita, penna o pittura
Calderone

Accendere la candela rossa. Scrivete il vostro nome e cognome sul foglio. Sotto il vostro nome, scrivete il nome della persona a cui vi rivolgete, il suo compleanno e poi il vostro.

Disegnate un cuore intorno alle informazioni, poi scrivete di nuovo i nomi direttamente sopra il cuore per tre volte. Piegate il foglio a metà e mettetelo nel calderone, accendendolo con la candela. Mentre brucia dite quanto segue:

"Accendi la fiamma luminosa, il fuoco è il colore del desiderio.
Desiderio che si manifesta in un percorso di mia scelta.
Il desiderio che ho lo condivido con voi,
Venite da me e vedrete tutto ciò che desidero mostrarvi".

Questo deve essere fatto ogni notte per tre notti consecutive. Si tratta di un rituale mirato che implica una grande quantità di volontà, di intenzione e di direzione corretta, per cui aspettatevi forti risultati in caso di successo e un possibile esaurimento dell'energia.

Incantesimo d'amore inverso (Annullamento)

Questo rituale annulla qualsiasi incantesimo d'amore generico, sia che sia stato lanciato su di voi sia che lo abbiate lanciato su qualcun altro.

È necessario:
Tazza di petali di rosa
Mezza tazza di mandragora o carote
Bottiglia richiudibile
Falò o camino

Accendete un fuoco in una notte in cui la luna è al suo punto più alto. Prendete la mandragola e i petali di rosa e gettateli nel fuoco mentre dite quanto segue:

"Chiamo le tempeste, chiamo la brezza,
Per flagellare la terra e piegare gli alberi,
Mi appello a te, Ecate, perché porti questo amante lontano.
Che possano trovare l'amore, vero e puro,
Ma con loro non posso sopportare".

Dopo che il fuoco si è spento, prendete un po' di cenere e mettetela nella bottiglia o nel contenitore e poi seppellitela per concludere il rituale.

Maledizione bruciante della sfortuna

Questa maledizione utilizza il fuoco per portare sfortuna a tutti coloro che disprezzate; è un incantesimo di maledizione generale che non ha un bersaglio specifico ma cerca di abbattere tutti coloro che si oppongono a voi.

È necessario:
Un grande foglio di carta (la carta del quaderno è perfetta)
Calderone/pentola a prova di fuoco
Candela rossa

Sulla carta scrivete quanto segue:

"A tutti coloro che mi vogliono male io procuro il fuoco della punizione, a tutti coloro che desiderano che io fallisca e si oppongono a me io vedrò le vostre vite andare in fiamme. Le vostre relazioni vacilleranno, la vostra tranquillità sarà cancellata, questo è il destino che vi affido e questo è il destino che prenderete".

Potete adattarlo in qualsiasi modo vogliate o lasciarlo così com'è. Dopo averlo scritto, piegate il foglio 3 volte e accendete la candela. Mettete il foglio all'interno del calderone in un'area ben ventilata (meglio se all'aperto) e accendete la candela. Usate la candela per dare fuoco al foglio mentre vi concentrate sui vostri nemici: mentre il foglio brucia, immaginate le loro vite che vanno in pezzi, vedete che non riescono a raggiungere i loro obiettivi e che i loro tentativi di tenervi lontani vanno in fiamme.

Dopo che la carta si è completamente bruciata e raffreddata, prendete un pizzico di cenere e gettatela in aria per concludere il rituale.

Attrazione Poppet

Un incantesimo che utilizza un poppet/doll che si rivolge a una persona specifica a cui si è interessati. Freya è la dea norrena dell'amore e della stregoneria e le chiederemo di benedire il nostro poppet, ma potete usare qualsiasi divinità desideriate.

È necessario:
Cristallo di quarzo rosa
Poppet
Immagine dell'obiettivo
Un panno rosa
Scatola piccola
Pennarello o vernice
Runa di Raidho "Runa di Raidho"

Concentratevi sul fatto che il vostro bersaglio viene attirato verso di voi e vedete il rapporto che si instaurerà una volta che la vostra magia avrà avuto effetto.

Disegnate la runa Raidho, che è la runa del movimento e del viaggio, sull'immagine continuando a focalizzare la vostra intenzione.

Posizionate il vostro cristallo sopra l'immagine e dite quanto segue:

"Nobile Freya! Cerco un amore che superi tutte le avversità, persino la morte stessa. Benedici questa bambola con il magnetismo che li attira. Se è la tua volontà, benedici questa unione. Che sia benedetta!".

Prendete il panno rosa e firmate il vostro nome su di esso. Avvolgete tutto con il panno e mettete tutto nella scatola. Mettete la scatola in un luogo sicuro dove non venga disturbata. Per annullare l'incantesimo, basta prendere la bambola e purificarla con il fumo di salvia.

Incantesimo della candela dell'adorazione

Questo rituale di una settimana è un potente incantesimo che può avvicinare due persone con l'intento di iniziare una relazione.

È necessario:
2 candele rosse
Olio di rosa

Il venerdì sera, giorno della settimana dedicato alla dea Freya e ad Afrodite, strofinate due candele rosse con olio di rosa. Posizionate queste candele alle estremità opposte del vostro altare. Per l'incantesimo potete invocare Freya o Afrodite. Accendete le candele e pronunciate quanto segue:

"Freya!
Grande dea dell'amore e delle passioni dell'uomo!
Ho intrapreso un cammino di amore, romanticismo e avventura!
Cerco adorazione e possibilità infinite!
Se è la tua volontà, benedici questa impresa!
Vi chiedo di avvicinarci!".

Ogni giorno per una settimana, con l'ultima sera il venerdì successivo, accendete le candele e avvicinatele leggermente. Mentre lo fate, immaginate che le energie vostre e del vostro amore si avvicinino e poi spegnete le candele.

La settima notte, assicuratevi che le candele siano il più vicino possibile e accendetele. Meditate sul vostro amore e immaginate il momento in cui vi confessate l'un l'altro. Lasciate che le candele brucino fino in fondo.

Conservare la cera delle candele e riporla in un luogo sicuro. Smaltite la cera come negli incantesimi precedenti per rompere la magia di questo rituale.

Vaso da incubo

Questo incantesimo porta al bersaglio gravi incubi.

È necessario:
Elemento che rappresenta l'obiettivo
Sabbia

Semi di papavero
Radice o polvere di valeriana
Aceto
Qualcosa per sigillare il barattolo

Concentratevi sul vostro obiettivo e sugli incubi che avrà mentre versate la sabbia fino a raggiungere una profondità di circa mezzo centimetro. Posizionate l'oggetto che rappresenta l'obiettivo sopra la sabbia. Versate i semi di papavero e la valeriana mantenendo l'intenzione, quindi versate l'aceto fino a riempirlo per metà.

Chiudete il barattolo e sigillatelo con cera di candela, colla, nastro, spago o qualsiasi cosa abbiate a portata di mano.

Agitate il barattolo ogni notte che volete che il bersaglio abbia degli incubi, quando avete finito con il barattolo potete smaltirlo con qualsiasi metodo desideriate .

Seconda vista, rituale del terzo occhio

Molte culture e religioni antiche conoscevano il terzo occhio. Credevano che fosse collegato a una piccola ghiandola endocrina a forma di occhio nel cervello, chiamata ghiandola pineale. Si ritiene che l'Occhio di Horus sia una rappresentazione di questa ghiandola, e nelle pratiche indù è anche collegato al chakra della radice. Questo è un semplice rituale per lavorare sullo sviluppo del terzo occhio, che aumenterà la chiaroveggenza e le capacità magiche in generale.

È necessario:

Candela viola

Ametista

Utilizzerete una candela viola, che rappresenta il chakra della corona, e un'ametista, che si ritiene stimoli il terzo occhio.

Accendete la candela e/o l'incenso e sedetevi in una posizione comoda. Tenete l'ametista tra gli occhi e concentratevi sull'apertura del terzo occhio. Immaginate che si rafforzi all'interno della vostra testa e che il potere si irradi dal suo nucleo. Mettete l'ametista di fronte a voi e meditate il più a lungo possibile; io cerco di meditare per almeno dieci minuti alla volta.

Eseguite questo rituale con regolarità e, col tempo, svilupperete la capacità della seconda vista con l'apertura del terzo occhio. È possibile notare una differenza immediatamente dopo un rituale, ma non è comune. Un grande potere si ottiene con la pratica e lo studio! La seconda vista è simile a un muscolo: le vostre capacità di chiaroveggenza cresceranno con l'uso.

Pietra del dolore

Potete usare questo rituale per travasare l'energia gioiosa di una persona che vi ha fatto un torto in una pietra che potrete scartare o usare per altri scopi.

È necessario:
Piccola pietra
Visione chiara della luna

Di notte, all'aperto, afferrate la pietra con forza. Immaginate la persona a cui volete infliggere questa punizione. Sentite che la presa si stringe man mano che la rabbia aumenta. Quando sentite di aver raggiunto l'apice della rabbia, pronunciate ad alta voce la parola *"Rilascia!"*, immaginate la gioia che esplode dal suo corpo e vedete tutta l'energia che si dirige verso di voi e verso la pietra che avete in mano.

Quando tutta l'energia è stata intrappolata nella pietra, lanciatela nella direzione opposta alla luna o conservatela per un uso successivo. Più siete potenti nelle arti oscure, più gioia sarete in grado di rimuovere dalla loro anima. Fate questo rituale con parsimonia e solo quando è assolutamente necessario, perché può essere impegnativo per le vostre riserve di energia. Per annullare l'incantesimo si può rompere la pietra o condurre un Rituale di Annullamento.

Pietra di Jinxing

Questa è una variante che ho creato dell'ultimo incantesimo, ma funziona sulla loro fortuna. Fate lo stesso rituale, ma prima di liberarvi della pietra dite quanto segue.

"Io non cedo questa pietra, ma il benessere e la fortuna di (Nome), in modo che la loro prosperità scorra via come l'acqua corrente e che i loro sforzi non diano mai più frutti!".

Scartare senza troppi complimenti la pietra.

Maledizione del limone

Si tratta di un classico incantesimo che fa sì che la vita di una persona si inasprisca, che la sfortuna e la malasorte siano comuni finché l'incantesimo non viene sciolto.

È necessario:
Limone intero
3 chiodi
Carta e penna
Coltello

Strappate o tagliate la carta in un foglietto grande quanto basta per scrivere un nome, scrivete il nome della vostra vittima sulla carta e piegatela il più possibile. Prendete il limone e tagliate una fessura abbastanza grande da farci entrare la carta. Fate scivolare la carta all'interno del limone. Spingete il primo chiodo attraverso il limone e dite quanto segue:

"*Acida come la tua lingua e acida come la tua anima*".

Infilate il secondo chiodo e dite quanto segue:

"*Per tutte le vostre trasgressioni, è tempo di pagare il pedaggio*".

Inserite il chiodo finale e dite quanto segue:

"*Implorate quanto volete, ma è troppo tardi, Questa maledizione caustica ha segnato il tuo destino*".

Seppellire il limone per concludere l'incantesimo. Questo incantesimo può essere annullato con l'"Incantesimo di Annullamento".

Maledizione di Poppet del dolore lieve

Non tutti i torti meritano una gamba rotta o l'influenza, quindi provate questo incantesimo del poppet. Un poppet può essere qualsiasi tipo di bambola che potete usare per focalizzare le vostre intenzioni e dirigere le forze che vengono usate sugli ignari. Il vostro poppet può essere qualsiasi cosa, da una bambola cucita a mano a una scultura di sapone.

È necessario:
Poppet (bambola effigiata)

Prendete il poppet e tenetelo nella mano dominante. Pensate alla vostra vittima mentre stringete lentamente la presa intorno al poppet. Quando avrete raggiunto il livello di malvagità che desiderate infondere nella bambola, rilasciate il poppet e lasciatelo cadere a terra.

Raccogliere l'otturatore. Ora è pronto per essere usato per danneggiare il bersaglio.

Si può fare qualsiasi cosa a questo poppet, dal colpirlo sulla gamba per provocare un leggero livido allo starnutire su di lui con l'intenzione di fargli venire un raffreddore. Il danno che potrete arrecare con la magia del poppet è direttamente correlato alla vostra abilità nelle arti oscure e alla quantità di rabbia che avete instillato nel poppet pensando alla vostra vittima. Potete aggiungere candele e incenso a questo rituale per aumentarne la potenza. Migliorerete la potenza di tutti i vostri incantesimi man mano che proseguirete nel vostro cammino, ma questo è un ottimo punto di partenza per chiunque sia interessato alle arti oscure.

Legame con la paura

Questo rituale impedisce a un aggressore di farvi del male e può impedirgli di maledirvi, di farvi male o di stregarvi in qualsiasi modo, legandolo con la paura. Quando inizieranno gli incantesimi, saranno attanagliati dal terrore e cesseranno la loro cattiveria.

È necessario:
Effigie o papavero
Filo o cordino abbastanza lungo

Attaccate l'effigie (immagine/rappresentazione) della persona al filo; potete legare il filo intorno all'effigie o attaccarlo con cera, colla o qualsiasi altro legante. Dopo aver attaccato l'effigie, pronunciate la seguente frase:

"Questa è l'effigie del mio potenziale assalitore.
Lo appendo a un unico filo in un luogo conosciuto solo da me.
Farà nascere la paura nel cuore del mio aggressore.
Sarà vincolato dalle sue capacità.
Il suo potere non ha nulla da invidiare al mio.
Il nodo che creo legherà la sua volontà.
Finché non si rompe,
Così sia".

Fare un nodo al filo per concludere l'incantesimo.

Potete seppellire o nascondere l'effigie ovunque vogliate; potreste anche tenerla in un congelatore per vincolare completamente il bersaglio da qualsiasi azione magica. È possibile annullare questo rituale interrompendo il legame tra il nodo e l'effigie: si può semplicemente tagliare il cordone tra i due o distruggere il tutto in un falò.

Incantesimo di infertilità

Questo incantesimo, che è l'opposto di un incantesimo di fertilità, impedisce a una persona di rimanere incinta.

È necessario:
Uovo crudo
Polvere di Goofer
Calderone/Pentola
Stufa/Fuoco
Acqua di mare

Preparate i vostri ingredienti; potete trovare le indicazioni per preparare la polvere di goofer e l'acqua di mare nella sezione strumenti rituali del libro. Mettete l'acqua di mare (sufficiente a far bollire l'uovo) nel calderone e mescolate la polvere di goofer (circa 1 cucchiaio). Portate l'acqua a ebollizione e mettete l'uovo all'interno della pentola (non inalate i fumi della polvere/acqua). Mentre l'uovo bolle, pronunciate le seguenti parole:

"Acque bollenti e fumi nocivi,
Sigillare la capacità di riprodursi,
La tua linea è finita, il tuo nome è condannato,

Finché non dirò che può riprendere".

Va notato che questo rituale non deve essere usato come alternativa al controllo delle nascite, come tutti i rituali magici, non è garantito al 100% il successo e l'efficacia sarà determinata dai livelli di potere personali, dall'esperienza e dalla concentrazione/intenzione.

Per annullare questa maledizione è sufficiente mettere un uovo fresco in una ciotola di acqua di luna e pronunciare la seguente frase.

"Quello che ho preso una volta lo so restituire,
La vostra virilità non è più sotto attacco,
Andate avanti, fertilità che vi infondo,
Fate nascere un bambino, se questa è la vostra volontà".

Per concludere questi incantesimi è sufficiente smaltire gli ingredienti in qualsiasi modo si desideri.

Rituale dell'impotenza maschile

Si tratta di un rituale tradizionale giapponese contro l'infertilità e l'impotenza che ha lo scopo di eliminare la virilità.

È necessario:
Intaglio del legno
Coltello da intaglio
Fossa antincendio

Con il coltello da intaglio intagliate il legno a forma di fallo; se non siete in grado di intagliarlo da soli, potete usarne uno già intagliato. Accendete il fuoco nel vostro focolare e mettete l'intaglio nel focolare. Lasciate bruciare il legno per qualche minuto mentre vi concentrate sul vostro obiettivo. Non lasciate che l'intaglio si bruci completamente: volete che mantenga la sua forma. Spegnere il fuoco e lasciarlo raffreddare. Una volta che il fuoco e l'incisione si sono completamente raffreddati, rimuovete con cura l'incisione e seppellitela per concludere il rituale.

Se desiderate annullare questo incantesimo, eseguite semplicemente il "Rituale dell'Annullamento", incluso nelle prime parti di questo libro.

Incanto del malocchio

Il malocchio è un'abilità antica, conosciuta da quasi tutte le culture del mondo. Questo rituale infonde il potere del malocchio in un anello, in modo da poterne invocare i poteri distruttivi ogni volta che lo si desidera.

È necessario:
Cenere (cenere di incenso/cenere di legno)
Anello
Carta
Candela nera

Disegnare la runa Isa sulla carta con la cenere. Posizionate l'anello sul foglio e accendete la candela nera. Pronunciare quanto segue:

"Atë, figlia di Eris, regina del male e della rovina. Condividete con me il vostro dono, in modo che io possa aiutarvi nella vostra infinita ricerca di distruzione!".

Tenere l'anello in aria con la mano dominante e spegnere la candela.

Semplicemente indossando questo anello e guardando una persona concentrando la vostra intenzione, potete portarle infelicità e disgrazia. Fate attenzione al suo uso, perché avete creato un potente artefatto che è stato benedetto dalla dea Atë con poteri di rovina e caos. Indossate questo anello solo quando desiderate lanciare il malocchio per evitare di lanciare intenzioni accidentali.

Le ossa della rabbia

Questo incantesimo infonde depressione e rabbia nel cuore della vittima utilizzando una campana e ossa di pollo essiccate.

Quando siete pronti a lanciare questa maledizione, fatevi prendere dalla rabbia. Come già detto, questo aumenterà la potenza dell'incantesimo. Durante il lancio dell'incantesimo, quando si dice *"con queste ossa che ora schiaccio"*, usate i piedi per schiacciare le ossa nel terreno come se fossero il vostro nemico.

Suonate il campanello 3 volte e dite quanto segue:

"Lyssa, Signora della Furia! Prestami la tua rabbia, così potremo schiacciare la mia opposizione!".

Quando sentite la presenza di Lyssa, dite quanto segue:

"Le ossa del furore si trasformano in polvere,
Piena di rabbia, la vendetta è giusta.
Schiaccio queste ossa, queste ossa di rabbia,
Prendete il mio nemico, portategli dolore.
Ora vedo il mio nemico davanti a me.
Li lego, li distruggo, li abbatto.

Con queste ossa che schiaccio.
Fai in modo che il mio nemico si riduca in polvere,
Tormento, angoscia, fuori controllo,
Con questa maledizione maledico la loro anima.
Così sia!".

Lamento delle Succubae (Invasione di sogni)

Le Succubae sono spiriti che invadono i sogni di una persona. Sono entità maliziose e caotiche, il che le rende candidate privilegiate allo sfruttamento attraverso rituali oscuri. Per influenzare una Succubus, è necessario avere ben chiare in mente le proprie intenzioni. Potete inviare una Succubus a costruire qualsiasi tipo di sogno e ciò che farà sarà determinato dalle vostre intenzioni e dalla "canzone" che le canterete.

È meglio scrivere la propria canzone e adattarla alle proprie esigenze, ma eccone una che andrà bene per la maggior parte delle occasioni:

"Succubae, Succubae,
ascolta il mio canto e ascolta le mie grida.
La persona che amo è così lontana,
ma nei suoi pensieri, desidero rimanere.
Cercatelo in alto e cercatelo in basso,
riempire i suoi sogni di passione, andare!".

Dopo aver cantato, sdraiatevi a letto e concentratevi esattamente su come volete che vada il sogno. Le Succubae non sono comunemente invocate dagli esseri umani e probabilmente saranno più che liete di aiutarvi con il vostro invasivo dream-scaping.

Evocare una tempesta

È necessario:
Altare
Candela blu
Calice d'acqua

Non serve un'ocarina per evocare una tempesta, si può fare con la magia! La manipolazione del tempo è considerata da alcuni un'arte oscura, poiché le sue conseguenze possono influenzare negativamente gli altri. Per esempio, potreste creare una tempesta di pioggia e causare inavvertitamente un naufragio; se nutrite inimicizia e rabbia verso una persona, questa potrebbe essere colpita da un fulmine se si trova nel raggio d'azione della tempesta.

Se state creando una tempesta senza l'intenzione di fare del male a qualcuno, è molto importante che liberiate la vostra mente da ogni rabbia nei confronti di chiunque. Se l'intenzione è di usare la tempesta per fare del male a qualcuno, concentratevi sulla persona che volete che la tempesta danneggi. Tenete presente che controllare una tempesta una volta evocata è estremamente difficile e va tentato solo se si è molto sicuri delle proprie capacità.

Accendete una candela blu sull'altare e meditate sulle vostre intenzioni e sul luogo desiderato per la tempesta. Mentre fissate la luce della candela, cantate quanto segue:

"Invoco i venti del Nord,

Svegliatevi dal vostro sonno,

Prosciuga le acque dalla terra e falle scendere in lenzuola di agonia".

Lanciate l'acqua dal calice in aria in modo che cada sulla terra; se state facendo questo rituale in casa, potete lanciare l'acqua dalla finestra. Spegnete la candela per concludere il rituale.

Prosperità finanziaria

Si tratta di un incantesimo di ricchezza pensato per darvi la forza e la fiducia necessarie per raggiungere il successo, chiedendo al contempo agli dei di inviare opportunità e di mostrarvi la strada per raggiungere i vostri obiettivi.

È necessario:

Incenso alla salvia o al gelsomino

Candela gialla e verde

Qualcosa che rappresenti il vostro dio/la vostra dea

Accendete le candele sull'altare ai lati della vostra rappresentazione e dite quanto segue:

"Giorno dopo giorno, mi sciupo,
Non c'è tempo per aspettare, non posso rimandare,
Concedimi la forza di elevarmi,
Manda opportunità e ricchezza verso di me".

Chiudete gli occhi, immaginate i vostri successi futuri e meditate su come raggiungere i vostri obiettivi. Quando siete pronti a concludere il rituale, ringraziate il vostro dio/la vostra dea e spegnete le candele.

Tre notti d'inferno

È necessario:
Effigie
Candela nera
Altare

Questo è un incantesimo classico che ho adattato per tormentare una persona con dolore per tre notti. Raramente si conclude con una ferita grave e di solito viene usato per mettere in guardia i nemici e mostrare il proprio potere.

Accendete la candela sull'altare e inclinatela in modo che la cera coli sull'effigie. Mentre la cera cola, immaginate che provochi piaghe e dolore alla vostra vittima. Mentre lo fate, pronunciate quanto segue:

"Mentre lancio questo incantesimo oscuro
Porta al mio nemico tre notti d'inferno
Candela nera, nera come la notte
Portate loro il dolore e portate loro lo spavento!
Le lesioni sul corpo crescono
Affliggili con un colpo odioso
Piaghe e dolore li consumano ora
Per tre notti non sapranno come
Re delle tenebre, duchi dell'inferno
Schiacciare il mio nemico, il tempo lo dirà
Quando sono passate tre notti
Fallo stare bene, finalmente bene".

Trascorrete un momento in silenzio immaginando che una forza malefica si abbatta sul vostro nemico; dopo aver fatto questo spegnete la candela per concludere il rituale.

Aiutare a vincere una causa in tribunale

Questo è un rituale hoodoo che utilizza la radice di High John the Conqueror (radice di Ipomoea Jalapa), usata da generazioni per aiutare a vincere le cause in tribunale; per questo incantesimo si può usare la radice vera e propria o un olio da essa derivato.

È necessario:
Giovanni il Conquistatore Radice/Olio
Scarpe da tribunale
Salmo 35 (facoltativo)

Per sette giorni, ogni sera prima della comparsa in tribunale, prendete la radice e mettetela nella scarpa prima di andare a letto; se usate l'olio, mettete un po' di olio su un pezzo di stoffa/asciugamano di carta e mettetelo nella scarpa. Quando vi svegliate, rimuovete la radice/l'olio e fate la stessa cosa prima di andare a letto la sera successiva. Assicuratevi di farlo ogni notte per sette giorni prima della data in cui dovrete comparire in tribunale.

(facoltativo) La mattina dell'udienza recitate il Salmo 35 mentre rimuovete la radice per l'ultima volta; non è necessario essere cristiani/giudei praticanti per questo passo, funzionerà comunque in quanto tocca qualcosa di più profondo delle percezioni banali della religione abramitica.

Salmo 35

1 Contendi, Signore, con coloro che contendono con me;
combattere contro coloro che combattono contro di me.
2 Prendere scudo e armatura;
sorgere e venire in mio aiuto.
3 Brandire lancia e giavellotto[a]
contro coloro che mi perseguono.
Ditemi,
"Io sono la vostra salvezza".

4 Che coloro che cercano la mia vita
essere disonorati e messi alla berlina;
che coloro che tramano la mia rovina
si voltano indietro sgomenti.
5 Che siano come pula davanti al vento,
con l'angelo del Signore che li scacciava;
6 che il loro cammino sia oscuro e scivoloso,
con l'angelo del Signore che li inseguiva.

7 Poiché hanno nascosto la loro rete per me senza motivo
e senza motivo mi ha scavato una fossa,
8 che la rovina li colga di sorpresa -.
che la rete che hanno nascosto li impigli,
possano cadere nella fossa, con la loro rovina.
9 Allora l'anima mia si rallegrerà nel Signore
e di deliziare la sua salvezza.
10 Tutto il mio essere esclamerà,
"Chi è come te, Signore?
Voi salvate i poveri da coloro che sono troppo forti per loro,
i poveri e i bisognosi da coloro che li derubano".

11 Testimoni spietati si fanno avanti;
mi interrogano su cose di cui non so nulla.
12 Mi ripagano male per bene
e lasciarmi come una persona in lutto.
13 Eppure, quando erano malati, mi sono vestito di sacco
e mi sono umiliato con il digiuno.
Quando le mie preghiere sono tornate a me senza risposta,
14 Sono andato in giro a piangere
come per un amico o un fratello.
Ho chinato la testa per il dolore
come se piangesse per mia madre.
15 Ma quando ho inciampato, si sono riuniti in allegria;
Gli assalitori si sono riuniti contro di me a mia insaputa.
Mi hanno calunniato senza sosta.
16 Come gli empi si burlano maliziosamente;[b]
mi hanno fatto digrignare i denti.

17 Per quanto tempo, Signore, resterai a guardare?
Salvami dalle loro devastazioni,
la mia preziosa vita da questi leoni.
18 Ti renderò grazie nella grande assemblea;
tra le folle ti loderò.
19 Non lasciare che quelli che si gongolano di me
che sono miei nemici senza motivo;
non lasciare che coloro che mi odiano senza motivo
strizzare maliziosamente l'occhio.
20 Non parlano in modo pacifico,
ma escogitano false accuse

contro coloro che vivono tranquillamente nel paese.
21 Mi deridono e dicono: "Aha! Aha!
Con i nostri occhi l'abbiamo visto".
22 Signore, tu hai visto questo; non tacere.
Non essere lontano da me, Signore.
23 Svegliati e alzati in mia difesa!
Contendi per me, mio Dio e Signore.
24 Vendicami nella tua giustizia, Signore mio Dio;
non lasciare che gongolino su di me.
25 Non lasciate che pensino: "Ah, proprio quello che volevamo!".
o dire: "Lo abbiamo inghiottito".

26 Possano tutti coloro che gongolano per la mia sofferenza
    essere messo a disagio e confuso;
che tutti coloro che si esaltano su di me
    essere rivestiti di vergogna e disonore.
27 Possano coloro che si dilettano della mia rivendicazione
    gridare di gioia e allegria;
possano sempre dire: "Il Signore sia esaltato",
    che si compiace del benessere del suo servo".

28 La mia lingua proclamerà la tua giustizia,
    le tue lodi tutto il giorno.

Rituale del senso di colpa

Alcune persone non si sentono in colpa per le cose orribili che hanno fatto e questo incantesimo le costringerà a fare i conti con le loro azioni, sentiranno un dolore lancinante al fianco mentre il senso di colpa aumenta e cresce e quando il disagio diventa troppo grande da sopportare cercheranno di pentirsi delle loro azioni.

È necessario:
3 chiodi piccoli
Borsa piccola/Borsa
Carta
Penna/matita

Prendete il foglio e scriveteci sopra il nome dell'obiettivo e poi scrivete "GUILT" sopra il nome della persona. Piegate il foglio e inseritelo nell'astuccio. Ora mettete ogni chiodo, uno alla volta, nell'astuccio; mentre li mettete nell'astuccio, osservate ogni chiodo che colpisce la persona di lato e vedete il senso di colpa per ciò che ha fatto affiorare su di lei.

Per sciogliere l'incantesimo e liberarli dal costante senso di colpa e dal tormento che proveranno, è sufficiente rimuovere i chiodi dall'astuccio.

Amore reciso

Questo potente sortilegio matrimoniale porterà caos e conflitti nella relazione di coppia. Anche se tradizionalmente l'intenzione dell'incantesimo è quella di rovinare un matrimonio, questo rituale può influenzare qualsiasi tipo di relazione.

È necessario:
4 candele nere
Immagine delle vittime
Olio
Marcatore rosso
Martello e chiodi
Blocco di legno

Ungete le candele con l'olio mentre stabilite la vostra intenzione. Visualizzate la distruzione che intendete provocare; più tempo mediterete su questo, più potente sarà la maledizione.

Disegnate un cuore sul petto e sulla testa di una persona nell'immagine e posizionatelo sul blocco di legno. Infilate un chiodo nel petto e dite quanto segue:

*"Con questo chiodo trafiggo il tuo cuore
presto il vostro amore si separerà sicuramente".*

Fate la stessa cosa, ma questa volta piantate il chiodo in testa e dite quanto segue:

> *"Con questo chiodo trafiggo la tua mente*
> *pazzia che sicuramente troverai".*

Posizionare le candele nere intorno al quadro, in corrispondenza di nord, sud, est e ovest. Assicuratevi che la cera delle candele possa gocciolare sul quadro. Accendete le candele e meditate su tutte le cose negative che assaliranno la coppia mentre la cera gocciola sul quadro. Quando ritenete di aver instillato abbastanza potere odioso in questo incantesimo, recitate quanto segue:

> *"Signori delle tenebre, demoni della notte*
> *Portate questo esagono in pieno volo.*
> *Porre fine al vincolo davanti a me, ora,*
> *Portate la sua distruzione, abbatteteli.*
> *Prendete il loro matrimonio e fatelo a pezzi,*
> *Portate loro il caos, trafiggete i loro cuori.*
> *Ridurre in pezzi il loro amore in modo così fine,*
> *Quello che c'è è andato, ora è il momento.*
> *Non dovranno mai più stare insieme,*
> *La loro felicità sarà ora interrotta.*
> *Quando il loro amore, inizia a soffocare,*
> *Ognuno dei due vorrà porre fine all'altro.*
> *Non saranno più una cosa sola,*
> *Il vostro matrimonio è finito, quel che è fatto è fatto!*
> *I Signori delle Tenebre, i Demoni della Notte,*
> *Portate questa Maledizione, ora, in volo!".*

Quando vi liberate degli oggetti usati in questo incantesimo, fatelo senza cerimonie e senza valore come la relazione che avete distrutto.

Discordia e oscurità

Questa maledizione dei nodi porterà il caos nella vita di chi vi ha fatto un torto. Nulla sembrerà andare per il verso giusto e cadrà in una grande disperazione.

È necessario:
Pezzo di filo lungo

Avrete bisogno di un pezzo di filo (o di una corda spessa) lungo almeno una decina di centimetri. Recitate le tre parti seguenti e fate un nodo mentre le pronunciate.

Primo nodo:
"Con questo nodo sigillo l'esagono,
Non dovrete dormire, non dovrete riposare.
Nodo di lotta, nodo di odio,
Discordia vi porta questo destino oscuro".

Secondo nodo:
"Questo nodo che faccio, ora fa due,
Portando angoscia su di voi,

Tristezza, perdita e anche male.
Portare l'oscurità dritta e vera. "

Terzo nodo:
"Con il terzo, mi lego,
Generando il caos nella vostra mente,
Esagono di rabbia, esagono di odio,
Crollare, non vedo l'ora".

Durante lo svolgimento di questo rituale è indispensabile mantenere la concentrazione e dirigere la rabbia in modo corretto. Se decidete di rompere questa maledizione, bruciate la corda con la fiamma di una candela bianca.

Maledizione della calvizie

Questa maledizione provoca il progressivo assottigliamento dei capelli.

È necessario:

Carta e matita

Forbici

Fossa del fuoco (o ciotola ignifuga per bruciare la carta)

Runa di Hagalaz

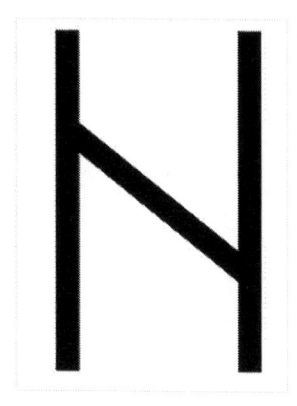

"Runa di Hagalaz - Runa della Distruzione".

Fate un disegno approssimativo dell'obiettivo sulla carta, non deve essere molto bello, basta una figura a bastoncino. Assicuratevi di disegnare la figura con i capelli. Ora disegnate la runa di Hagalaz sopra il disegno appena fatto. Prendete le forbici e tagliate la figura dalla carta lasciando i capelli, mettete da parte la figura appena tagliata e prendete il resto della carta con ancora i capelli e gettatela nel pozzo del fuoco (o incendiatela all'interno di una ciotola/cauldron a prova di fuoco in un'area ben ventilata). Mentre la carta brucia, immaginate il vostro bersaglio e dite quanto segue:

"La bellezza svanisce, il fascino muore,
E anche la vostra fonte di orgoglio,
I capelli cadranno uno dopo l'altro,
Il tuo io interiore rivelato a tutti".

Una volta che il fuoco si è completamente raffreddato, prendete alcune delle ceneri e gettatele nel vento per concludere l'incantesimo.

Cuori a brandelli Parte 1

Si tratta di un rituale che può essere fatto in due parti, la prima delle quali serve a sciogliere la relazione di coppia e la seconda ad attrarre uno degli obiettivi del primo rituale.

È necessario:
2 cuori ritagliati da un panno
Ago e filo
Pennarello/pittura
Candela rossa e nera

Scrivete i nomi degli sposi, uno su ogni cuore. Cucite insieme i cuori, bastano pochi punti. Accendete le candele e dite quanto segue:

"Ciò che è stato disegnato insieme,
Può essere presto fatto a pezzi,
Le stelle si allineano, ma col tempo svaniscono,
E poi partirete".

Strappare i cuori e spegnere la candela.

Cuori a brandelli Parte 2

Prendete il cuore danneggiato della persona che volete attrarre, mettetelo in una ciotola di acqua di mare e dite quanto segue:

*"So che potresti sentirti a pezzi,
Sono venuto a riparare il tuo cuore,
Con le tenebre fuggite, fino alla vostra morte,
Farò sempre la mia parte".*

Rimuovete il cuore e mettetelo ad asciugare in un luogo sicuro. L'incantesimo rimarrà in vigore finché il cuore non sarà pulito e distrutto. A questo scopo, bruciate il cuore con la fiamma di una candela bianca.

Bambola del dolore

È necessario:
3 candele nere
Poppet (bambola)
Spilli/coltelli

Questa è la mia interpretazione di un classico rituale voodoo. Il poppet e gli spilli vengono utilizzati sfruttando la vostra rabbia e il vostro odio per stabilire una connessione con il bersaglio, procurando un dolore immediato e intenso.

Accendete tre candele nere sul vostro altare, mentre vi scatenate nella rabbia. Prendete un pupazzo che rappresenti la vostra vittima e trafiggetelo con uno spillo o un coltello mentre immaginate che il dolore attraversi il corpo della persona. Mentre trafiggete la bambola, recitate quanto segue:

"Colpito, battuto, malconcio e lacerato,
Ti pugnalo con tutto il mio disprezzo
Soffrire ora Non posso aspettare
Con questo suggello il vostro destino
Perni così affilati e d'acciaio
Io ti colpisco, questo segno lo sentirai
Colpito, picchiato, maltrattato e lacerato
Ora ti maledico, il tuo dolore è nato!".

Rimuovere gli spilli dalla bambola e spegnere le candele per concludere il rituale. Potete conservare la bambola per purificarla e riutilizzarla, seppellirla nel terreno o metterla nel congelatore per evitare che il bersaglio vi colpisca di nuovo.

Esagono di Carman

Una volta ho incontrato una vecchia e saggia donna irlandese che mi ha parlato di questa esortazione casuale che conosceva e che io ho subito scarabocchiato nel mio Libro delle Ombre: è bellissima nella sua semplicità.

"Sedie, tavoli, coltelli e forchette,
Boccali, bottiglie, tazze e tappi di sughero,
Piatti, letti, stivali e fusti,
Pancetta, budino, latte e uova,
Ogni cuscino, lenzuolo e letto
L'impasto nella mangiatoia e il pane cotto,
Ogni pezzo di provvista sullo scaffale, e non vi resterà che la casa stessa!".

Vanità e follia

È un incantesimo creato per i vanitosi. Quando l'incantesimo viene lanciato con successo, la vittima viene sopraffatta da un senso di abominevole bruttezza. Quando si guarderà allo specchio, scoprirà di non amare più l'immagine che vede e i suoi difetti saranno per sempre evidenziati nella sua mente e nel suo cuore.

È necessario:
Qualcosa da parte della vittima
Effigie infiammabile
Calderone ignifugo
Candela nera
Pennarello o vernice nera

    Prendete qualcosa che appartenga alla vittima, come capelli, unghie tagliate o anche una matita che le appartiene; se non riuscite a procurarvi nulla di simile, potete usare una sua foto. Scrivete sull'effigie le parole "Amore per se stessi" con un pennarello o una vernice nera. Mettete tutto questo in un calderone a prova di fuoco in un'area ben ventilata e usate una candela nera per dare fuoco all'effigie. Mentre il fuoco brucia, recitate quanto segue:

*"(Nome della persona) che ora vedo,
impazzirà per la vanità."*

Vedranno se stessi come gli altri,
tutti gli aspetti positivi sono spariti da te.
Ciò che era non è e ora è vero,
tutta la tua bellezza fugge da te.
Ci si guarda allo specchio, per curare se stessi,
la vostra bellezza evocata è giunta al termine.
Il vostro terribile ego è ora spezzato,
diventerete pazzi con lo stesso piglio.
Ti tolgo tutto questo,
grazie a tutte le cose che fate.
Una volta pensavate di essere così bravi,
Ti porto giù per incontrare il tuo destino.
Nella tua mente diventerai pazzo, la vanità è ora il tuo dolore".

Una volta raffreddato, prendete un po' di cenere dal calderone e spargetela nelle vicinanze della vittima; in alternativa, potete uscire all'esterno e gettare la cenere nella sua direzione.

Pentacolo di pepe

Si tratta di un semplice incantesimo di sfortuna che utilizza il potere del pentacolo e del pepe. La vittima sarà sfortunata finché l'incantesimo non sarà sciolto.

È necessario:
Carta
Penna

Pepe nero
Candela nera

Disegnate un pentacolo (nella foto sopra) sulla carta e scrivete il nome della vittima al centro. Cospargete di pepe l'esterno del pentacolo.

Accendete la candela e tenetela sopra il pentacolo. Lasciate colare la cera fino a coprire l'intero nome della persona. Se volete annullare questa maledizione, potete bruciare la carta tra le fiamme di una candela bianca.

Congelato nel tempo

Questo rituale blocca il progresso di una persona, che si tratti di lavoro, di una relazione o di qualsiasi altra cosa su cui si concentri l'intenzione.

È necessario:
Poppit (bambola o effigie)
Scatola abbastanza grande da contenere il poppit
Isa Rune
Vernice (va bene anche il pennarello)
Un lungo pezzo di filo (o spago o nastro)

"Isa Rune"

Preparate il vostro spazio rituale e posizionate il poppit davanti a voi, mantenete la concentrazione sul poppit e vedete la vittima designata e il poppit come una cosa sola. Mantenete il pensiero sulla persona e immaginate la sua stagnazione e il suo fallimento. Dopo circa un minuto di concentrazione, prendete la vostra vernice e segnate la bambola con la runa Isa e dite quanto segue:

*"Congelato nel tempo vedo la fine,
Di tutte le cose che hai fatto per vincere,
Si è raggiunta una stasi e il progresso si è fermato,
Non sarete più esaltati!"*.

Mettete il poppit nella scatola e chiudetela, avvolgete il filo intorno alla scatola e chiudetela con un doppio nodo. Questo conclude il rituale; ora potete prendere la scatola e nasconderla da qualche parte, ad esempio sotto il letto, in un armadio o sottoterra.

Per rompere l'incantesimo è necessario tagliare la corda e rimuovere il poppit dalla scatola.

Incantesimo di ritorno al mittente

Con questo rituale creerete un vaso magico progettato per attirare tutte le energie inviate da una persona specifica e rimandarle indietro, facendo sì che qualsiasi maledizione/incantesimo che stia cercando di lanciare su di voi venga inflitto a sua volta.

È necessario:
Vaso di vetro (con coperchio)
Specchio piccolo
Unghie
Pepe (nero o rosso)
Candela

Liberate la mente e concentratevi sulla persona che volete che il barattolo protegga/attacchi. Mentre continuate a concentrarvi sulla persona, mettete nel barattolo i chiodi e il pepe, uno alla volta. Se lo specchio è troppo grande per entrare nel barattolo, potete metterlo all'interno di un asciugamano e romperne un pezzetto, di qualsiasi dimensione (fate attenzione a non tagliarvi con lo specchio rotto, se lo fate vi consiglio di indossare guanti e protezioni per gli occhi per sicurezza). Una volta inseriti tutti gli oggetti nel barattolo, mettete il coperchio e posizionate la candela in cima al barattolo e dite quanto segue:

"Specchio, specchio proteggete questo posto,
Dalle energie dannose, ma non cancellate,
Rimandatelo indietro da dove è venuto,
Reindirizzare direttamente a questo nome: (pronunciare il nome della persona 3 volte)".

Accendete la candela e lasciate che la via si sciolga fino a coprire il lato del barattolo, quindi spegnete la candela. A questo punto potete riporre il barattolo in un luogo sicuro della vostra casa. Potete anche fare questo incantesimo con un piccolo barattolo e portarlo con voi per proteggervi fuori casa.

Rituale del cristallo di assorbimento del potere

La tormalina nera viene generalmente utilizzata per assorbire e neutralizzare/negare le energie negative e malevole, ma possiamo utilizzare la funzione di questo cristallo sfruttando queste energie per le nostre riserve di energia e rilasciandole come parte del nostro lavoro rituale.

È necessario:
Cristallo di tormalina nera
Cristallo di quarzo

Tenete il cristallo nella mano dominante e sentite ogni singola parte della pietra. Prendetevi qualche minuto per familiarizzare con la forma e i dettagli, sentite il peso e la consistenza del cristallo. Dopo aver fatto questo, immaginate il flusso di energie che vi entrano, vedete le onde che fluiscono nel cristallo. Afferrate il cristallo con forza e ordinategli di dirigere queste energie nella vostra mano, vedendo e sentendo queste energie che entrano nel palmo della mano ma non si diffondono nel resto del corpo. Mettete a sedere il cristallo di tormalina mantenendo la concentrazione sulle energie che avete raccolto da esso e prendete il cristallo di quarzo. Con la stessa mano afferrate saldamente il cristallo di quarzo e rilasciate l'energia nel quarzo concentrandovi/visualizzando le energie che fluiscono dalla vostra mano nel quarzo.

Questo conclude il rituale: il cristallo di quarzo è stato caricato di energie negative che ora potete usare come moltiplicatore di forza in qualsiasi magia nera. Potete incorporare questo cristallo di quarzo in tutti i rituali di questo libro o in quelli che creerete voi stessi, semplicemente posizionando la pietra nella vostra area rituale mentre eseguite un incantesimo, assicurandovi di tenere presente il cristallo mentre lo lanciate per essere sicuri che stia prestando le sue riserve di energia al vostro rituale; potete farlo immaginando il potere che fluisce nel vostro spazio rituale mentre lanciate la vostra intenzione.

Rovina finanziaria

Questo rituale agisce per causare a una persona (o a un'azienda) difficoltà finanziarie. Per questo incantesimo useremo il fuoco, quindi assicuratevi di avere un luogo sicuro, come un calderone a prova di fuoco o un pozzo di fuoco per condurre questo rituale.

È necessario:
Calderone (o pozzo del fuoco)
Foglie secche
Diverse monete
Carta e penna
Borsa piccola/Bustina

Mettete nel calderone/pozzo una quantità di foglie tale da poter accendere un piccolo fuoco. Mettete le monete sopra le foglie per assicurarvi che vengano inghiottite dalle fiamme una volta acceso il fuoco. Scrivete il nome della persona o dell'entità sulla carta e mettetela sopra le monete.

Immaginate il vostro bersaglio e vedetelo come il fallimento che desiderate, concentratevi sulla caduta della sua principale fonte di reddito e vedetelo senza un soldo e indigente. Una volta ottenuta una visione completa di ciò che ne sarà di loro, date fuoco alle foglie. Attendete circa un'ora dopo che il fuoco si è spento, prendete le monete, mettetele nel vostro sacchetto e tracciate un segno di denaro sul sacchetto con una linea che lo attraversa. Questo conclude il rituale.

Per annullare questo rituale è possibile rimuovere le monete e sciacquarle in acqua salata con l'intenzione di annullare l'incantesimo.

Raccolto fallito (sale della terra)

Rituali come questo erano tradizionalmente usati per fare esattamente quello che dice l'incantesimo, far fallire il raccolto di una persona, i campi non avrebbero prodotto e il sostentamento del contadino sarebbe stato rovinato. Detto questo, questo rituale può essere usato anche per far sì che qualsiasi progetto o impresa intrapresa dal bersaglio fallisca.

È necessario:
Il sale
Sporcizia
Ciotola/calderone/vaschetta per il terriccio
Candela nera o marrone

Preparate il vostro spazio ponendo la terra all'interno del contenitore e sistemando la candela in modo che possa essere accesa durante il rituale. Liberate la mente e concentratevi sul bersaglio e sul suo progetto che volete far fallire. Con il dito o con la bacchetta scrivete nella terra la prima lettera del nome del bersaglio. Prendete circa un cucchiaio di sale e cospargetelo sulla terra mentre dite quanto segue:

"Salo la terra davanti ai miei nemici,
Così non cresceranno nemmeno le erbacce".

Accendete la candela e tenetela in modo tale che la cera goccioli sul terriccio; quando la cera inizia a gocciolare, dite quanto segue.

"Come la cera si indurisce su un terreno sterile,
I frutti del vostro lavoro non si troveranno,
Avvizzita e rattrappita, desolata e desolante,
Non troverete la crescita che cercate!".

Questo conclude il rituale, potete disfarvi della terra in qualsiasi modo desideriate. Per annullare questo incantesimo è necessario eseguire il Rituale di Annullamento.

Fate tacere i vostri nemici

Si tratta di un classico rituale Hoodoo/Santeria che prevede l'uso di una lingua di mucca per impedire alle persone di parlare male di voi, impedendo loro di lanciare la magia su di voi o sui vostri familiari e amici.

È necessario:
Lingua di mucca (si trova in qualsiasi mercato della carne)
9 metri di filo/filato nero
9 Chiodi/spilli
Carta
Whisky
Candela nera

Coltello affilato
Pepe (va bene qualsiasi tipo)

Mettete la lingua di mucca su qualcosa come un piatto, perché farete un bel po' di confusione. Accendete la candela e versate un po' di whisky sulla lingua di mucca per prepararla al rituale. Sulla carta scrivete il nome o i nomi della persona che volete mettere a tacere. Prendete il coltello e praticate una fessura al centro della lingua, lasciando un po' di tessuto collegato su ogni lato in modo che la lingua non sia completamente tagliata; non taglierete tutta la lingua, ma solo quanto basta per poter inserire la carta/il pepe all'interno. Cospargete il pepe su tutta la lingua e assicuratevi che una parte di esso scenda nella fessura, quindi inserite anche la carta nella fessura.

Ora prendete il filo e focalizzate le vostre intenzioni, immaginate che il bersaglio venga messo a tacere, vedete le sue labbra chiuse mentre avvolgete il filo intorno alla lingua, annodate il filo intorno alla lingua sigillando la fessura. Continuate a concentrarvi sull'intenzione di mettere a tacere il vostro nemico mentre inserite i chiodi/spilli nella lingua. Ora prendete la candela e lasciatela colare lungo la fessura, sigillandola ulteriormente.

Questo conclude il rituale, ora potete smaltire i materiali in qualsiasi modo desideriate, se possibile è meglio seppellirli.

Sguardo d'angoscia

Si tratta di un incantesimo che fa sentire qualcuno come se fosse costantemente osservato, creando una sensazione di ansia e disagio.

È necessario:
Barattolo piccolo con coperchio
Candela (qualsiasi colore)
Carta
Penna, matita, pennarello o pastello
Forbici

Prendete la carta e disegnate sette occhi, che potete colorare o disegnare in qualsiasi modo vogliate; con le forbici ritagliate tutti e sette gli occhi. Aprite il barattolo e mettete gli occhi uno per uno, poi dite quanto segue.

"Questo sguardo costante vi farà tremare,
Gli sguardi sconfortati fanno tremare le ginocchia,
Mai da solo, finché voglio,
Sarete in uno stato di disagio".

Mettete il coperchio sul barattolo e accendete la candela, lasciate che la cera coli sulla parte superiore del coperchio fino a quando la cera inizia a gocciolare lungo il lato del barattolo. Mentre la cera gocciola, immaginate gli occhi che cercano il vostro bersaglio, vedendoli sgranare gli occhi e lanciare sguardi giudicanti. Spegnete la candela per concludere il rituale.

Incantesimo della verità

Questo è un incantesimo che ha lo scopo di far dire a qualcuno la verità. Prima di condurre questo rituale, sappiate che non tutte le verità devono essere ascoltate, purché siate preparati alle conseguenze della brutale verità, questo incantesimo può essere molto efficace; qualsiasi dubbio potrebbe far fallire il rituale, cosa che vale per la maggior parte dei rituali, ma ancora di più per un incantesimo di verità, perché potreste inavvertitamente indurre la persona a mentire, se è quello che volete in realtà mentre lanciate questo incantesimo.

È necessario:
Salvia essiccata
Candela bianca
Piatto o ciotola

Posizionate il piatto nella vostra area rituale, sbriciolate la salvia e mettetela al centro del piatto in un mucchio. Accendete la candela e lasciate cadere una goccia di cera sulla salvia e dite quanto segue:

"La verità sia detta e le bugie siano dannate,
Un'onestà così audace e grandiosa,
Ditemi quello che ho bisogno di sentire,
Le falsità si dissolvono".

Spegnete la candela e portate le erbe all'esterno, concentratevi sul bersaglio dell'incantesimo e vedetelo nell'occhio della mente, gettatelo nel vento e pronunciate quanto segue:

*"Spiriti del vento, vi chiedo di portare questa magia,
Porta questa magia a colui che desidero incantare,
In modo che mi dicano solo la verità,
Finché non li libererò, che siano benedetti".*

Se volete annullare questo incantesimo, accendete la stessa candela che avete usato per l'incantesimo e dite quanto segue:

*"A voi restituisco la vostra agenzia,
Parlate di ciò che volete, la libertà è vostra!".*

Spegnere la candela per concludere la disfatta.

Pietra Stregata della Chiaroveggenza

Le pietre delle streghe, dette anche pietre della strega o pietre della vipera, sono rocce che si trovano nei letti dei fiumi o sulle spiagge e che presentano un foro causato dagli agenti atmosferici. Queste pietre sono state utilizzate fin dall'antichità per una serie di motivi: i marinai le inchiodavano alle loro barche per proteggersi dalle tempeste, ne facevano collane per proteggere i viaggiatori da eventuali danni e sono note per essere un metodo efficace per allontanare gli spiriti maligni e le fate. Le useremo per vedere le vere intenzioni di una persona e per capire se è sincera.

È necessario:
Pietra della Strega

Per capire se una persona è sincera, basta sollevare la pietra e guardarla attraverso il foro: si potrà percepire se la persona è sincera o meno. Questo funziona anche per capire se le intenzioni di una persona sono buone o malevole. Va anche detto che le pietre delle streghe sono potenti paracolpi, quindi tenete sempre con voi la vostra pietra, soprattutto se pensate di essere il bersaglio di una strega rivale.

Maledizione dell'ossidiana

Si tratta di un semplice esagono che porta sfortuna a una persona, eliminando la sua eventuale fortuna.

È necessario:

2 pietre di ossidiana (qualsiasi pietra nera va bene)
Candela nera

Preparate il vostro spazio rituale e accendete la candela. Tenete una pietra in ogni mano, immaginate il vostro obiettivo e dite quanto segue:

"La vostra fortuna è giunta al termine,
Questa maledizione la metto su di voi,
La vostra fortuna si è esaurita, esaurita e sterile,
I tempi bui arrivano sulla tua strada".

Spegnere la candela per concludere il rituale.

Per annullare questo rituale è sufficiente tenere ancora una volta le pietre in ogni mano e dire ad alta voce, pensando all'obiettivo, *"Ti libero!"*.

Le rune del Futhark

Le rune del Futhark sono state particolarmente importanti per il mio percorso. Ho sempre sentito una stretta connessione con questi antichi simboli e con gli dei che li hanno concessi all'umanità. Medito spesso sulle rune e le includo in molti dei miei rituali. Sono anche la mia forma di divinazione preferita.

La leggenda norrena narra che l'Onnipotente Odino rimase appeso a Yggdrasil, l'Albero del Mondo, per nove giorni e nove notti, fissando il Pozzo di Urd. Si era trafitto con la sua stessa lancia per dimostrare di essere degno della conoscenza che le

Norne possedevano. La nona notte, le Rune si rivelarono a lui e gli concessero tutta la conoscenza che possedevano. I poteri di Odino si moltiplicarono notevolmente, rendendolo una delle entità più potenti del cosmo.

Queste rune possono essere utilizzate per la divinazione o applicate direttamente su qualsiasi cosa per infondere le proprietà magiche che le rune rappresentano. Possono anche essere utilizzate insieme a qualsiasi rituale per aumentare i poteri e le energie delle forze rappresentate dalle rune.

Lancio di rune

Il lancio delle rune è un tipo di divinazione che utilizza le rune, in genere le rune del Futhark, per ottenere informazioni sul nostro passato, presente e futuro. Le rune del Futhark sono un antico alfabeto magico donato all'umanità dal dio Odino. Le rune del Futhark e i loro significati saranno illustrati più avanti nel libro.

Il lancio delle rune avviene in modo simile a quello dei Tarocchi. Si scelgono a caso e si posizionano (si lanciano) una, tre o più rune per ottenere una visione divina del passato, del presente e del futuro.

Metodo delle Tre Norne

Questo semplice metodo per principianti prende il nome dalle Tre Norne, dee norrene e tessitrici del destino. Il rabdomante estrae tre rune da un sacchetto o da una scatola e le pone davanti a sé una alla volta per rivelare il passato, il presente e il futuro in relazione alla situazione in questione. È possibile fare una lettura generale o chiedere informazioni su una situazione specifica.

La prima posizione della runa è "Il luogo di Urd". La runa in questa posizione rivela gli eventi passati che hanno una relazione diretta con la situazione attuale e costituiscono la base degli eventi futuri.

La seconda runa è "Il luogo di Verdandi". Questa runa si riferisce alla situazione attuale o alle scelte che devono essere fatte in un futuro molto prossimo.

La terza runa è "Il luogo di Skuld". Questa runa si riferisce al futuro velato. Questa posizione può rivelare un aspetto del vostro futuro e può mostrare dove vi porterà il cammino che state percorrendo.

Quando si fa qualsiasi tipo di divinazione, bisogna essere precettivi nei confronti del divino. Noi cerchiamo la loro saggezza ed essi si collegano a noi e condividono la loro conoscenza attraverso gli strumenti che usiamo durante la divinazione. Prima di lanciare, è bene meditare sulle informazioni che si desidera ricevere. Concentratevi sull'aspetto specifico della vostra vita per il quale state cercando una guida. Potreste anche fare un'offerta ai vostri dei, dee e antenati e accogliere la loro guida mentre cercate le risposte che cercate.

Indipendentemente dal metodo, dopo la divinazione prendetevi del tempo per meditare sulla lettura ricevuta. Se siete confusi, chiedete chiarezza e siate percettivi nei confronti dei segni che potreste ricevere. Mi piace tenere un diario dei sogni per annotare qualsiasi intuizione che posso avere mentre sogno, perché le barriere tra il nostro regno e il divino sono sottili nel paesaggio onirico.

FEHU *(Bovini)*

Germanico: Fe (Fehu)
Gotico: Faihu
Norreno: Fé
Anglosassone: Feo, Feoh
Islandese: Fé
Norvegese: Fe

Fehu significa letteralmente "bestiame". È un simbolo di ricchezza, proprietà e prosperità. È la runa della fortuna e, come tale, ha la capacità di ospitare la fortuna e di farne uso. Fehu ha il potere di benedire le nuove imprese e di aiutare a raggiungere nuovi obiettivi. Pur essendo una runa della ricchezza, il fatto che sia anche direttamente legata alla fortuna suggerisce che è necessaria una natura altruistica per utilizzare il suo potere, perché la fortuna è il risultato di azioni coraggiose. Fehu è una runa utile da usare quando si eseguono rituali legati alla ricchezza, alla fortuna, all'amore e alla prosperità.

Le pietre associate a questa runa sono l'occhio di tigre, la corniola, il citrino e l'avventurina.

ÜRUZ *(URO)*

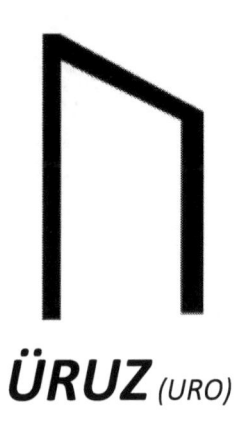

Anglosassone: UR
Germanico: Uraz (Uruz)
Gotico: Urus
Norreno: Úr
Anglosassone: Ur
Islandese: Úr
Norvegese: Ur

L'uro era una specie di bue selvatico che viveva nelle foreste europee fino alla sua estinzione nel 1600. Questa runa rappresenta il seme cosmico, gli inizi e le origini. È di natura maschile e conferisce forza, resistenza e atletismo. È una runa di coraggio e audacia, libertà, ribellione e indipendenza. Ur rappresenta il corno o il fallo eretto, la resurrezione, la vita dopo la morte, così come il venire, l'essere e il passare.

Rappresenta il trasferimento di energie e viene utilizzata per proiettare o attirare energia. L'uso ripetuto della runa aumenta gradualmente la quantità di energia che si può gestire in un dato momento e aiuta a far crescere le proprie riserve di potere.

Le pietre associate a questa runa sono agata, epidoto, agata di fuoco e diamante.

THURISAZ *(Giants/Thorn)*

Germanico: Thyth (Thurisaz)
Gotico: Thauris
Norreno: Þurs
Anglosassone: þorn
Islandese: Þurs
Norvegese: Giovedì

Thurisaz rappresenta gli Jotnar/Jötunn (giganti) ed è la runa delle forze primordiali, della distruzione, del conflitto e delle maledizioni. Thurisaz governa anche la fabbricazione di strumenti, soprattutto quelli da guerra. Usate questa runa per abbattere le barriere, distruggere e trasformare. Il caos è la vera natura di questa runa, e per farne un uso corretto sono necessarie una volontà e una mente forti. Questa runa può essere usata insieme ad altre rune e incantesimi per qualsiasi scopo di manifestazione. La runa stessa è costruita in modo da rappresentare visivamente una spina, un simbolo fallico, poiché questa runa rappresenta le energie maschili e può essere usata nei rituali di virilità o impotenza. Questa runa è molto efficace se usata con una pietra del sangue e, in combinazione con l'ematite, può essere molto efficace per deviare le maledizioni.

Le pietre associate a questa runa sono la pietra del sangue, l'ematite, il quarzo nuvoloso, l'agata e la malachite.

ANSUZ *(Discorso)*

Germanico: Aza (Ansuz)
Gotico: Ansus
Norreno: Óss, Áss
Anglosassone: Aesc, (Os, Ac)
Islandese: Óss, Áss

Ansuz è una runa che si riferisce alla parola e alla comunicazione. Si pensa che la parola "Ansuz" significhe "bocca", il che significa parlare. La runa rappresenta Odino, l'Onnipotente, ed è una runa della coscienza, del misticismo e della mente. Apre i canali di espressione di sé e supera gli ostacoli di ogni tipo. Può essere usata per iniziare se stessi con Odino e aiuta a migliorare le proprie capacità psichiche e magiche.

Ansuz è anche una rappresentazione del respiro, che può riferirsi allo spirito. Questa runa è in grado di evocare l'ispirazione ed è spesso utilizzata da artisti e studenti dell'occulto. È stata trovata su molti manufatti antichi, soprattutto bastoni e anelli che si presume siano stati impregnati del potere di questa runa.

Questa runa può avere molte implicazioni pratiche, come i rituali per essere più sicuri di sé e più schietti. Incorporatela in un rituale per aiutarvi a risolvere eventuali problemi di pronuncia, sia che si tratti di paura del palcoscenico o di ansia nei confronti di persone nuove.

Le pietre associate a questa runa sono lapislazzuli, moldavite, opale e cianite.

RAIDHO *(Equitazione)*

Germanico: Reda (Raidho)
Gotico: Raida
Norreno: Reið, Reiðr
Anglosassone: Rad
Islandese: Reið
Norvegese: Reid, Reidr

Raidho si riferisce a viaggi, spostamenti e spostamenti. Questa runa viene utilizzata per rivelare il modo migliore di procedere in una determinata situazione e può illuminare il percorso migliore da intraprendere nella nostra vita. In tedesco "Rad" significa "ruota", da cui deriva il nome di questa runa e da cui derivano anche le parole "strada" e "viaggio". Inoltre, la parola islandese che indica il consiglio è "Rada" e da questi significati possiamo dedurre cosa rappresenta questa runa.

La costruzione di questa runa è una combinazione della runa Isa e di una runa Sowilo invertita. La forma a zig-zag rappresenta un viaggio che cambia direzione, muovendosi verso il basso lungo l'asta della runa. Come Ansuz, Raidho è usata per rappresentare Odino, conosciuto come il Viandante e il Cavaliere. È una runa che indica i viaggi, i percorsi e la resistenza fisica, tutti elementi per i quali Odino era noto. È stata usata come ciondolo per i viaggiatori e come guida per i morti nel loro viaggio verso l'aldilà. Potete creare il vostro ciondolo da portare con voi incidendo, disegnando o dipingendo questa runa su un pezzo di legno o di pietra. Raidho può anche essere inclusa in qualsiasi rituale che riguardi il viaggio o il cambiamento.

Le pietre associate a questa runa sono l'opale, il quarzo, la Iolite (zaffiro d'acqua), l'ametrina, l'agata dendritica e la cianite.

KENAZ (Torcia)

Germanico: Chozma (Kenaz)
Gotico: Kaun
Norreno: Kaun
Anglosassone: Cen, Ken
Islandese: Kaun
Norvegese: Kaun

La runa Kenaz rappresenta la nostra capacità di sfruttare le forze invisibili della natura per illuminare il nostro cammino, la nostra capacità di usare il mondo che ci circonda per ottenere intuizione, saggezza e sicurezza. Mentre la runa Thurisaz rappresenta gli strumenti, questa runa rappresenta ciò che siamo in grado di fare con essi. La torcia che illumina il cammino davanti a noi e porta chiarezza al nostro passato. Questa runa funziona molto bene in combinazione con Ansuz quando si esplorano le connessioni ancestrali e l'illuminazione. È anche la runa dei misteri e delle conoscenze femminili e funziona a meraviglia in qualsiasi rituale che riguardi la salute e il potenziamento femminile.

Le pietre associate a questa runa sono l'agata di fuoco, l'opale di fuoco, il citrino, il granato, la pietra del sole rubino e l'ambra.

X

GEBO *(Regalo)*

Germanico: Geuua (Gebo) Gotico Giba
Norreno: Gipt, Giöf
Anglosassone: Geofu (Gyfu)
Islandese: Gjöf
Norvegese: Giof

Gebo è la runa del sacrificio e del dono. Una rappresentazione di qualcosa di valore personale dato liberamente, come il nostro sangue quando scegliamo di consacrare le rune in questo modo. È una runa di iniziazione, in cui si compiono sacrifici personali per ottenere conoscenza, potere e saggezza, come quando Odino rimase appeso a Yggdrasil per 9 giorni per ottenere la conoscenza.

Il Gebo può essere utilizzato durante qualsiasi cerimonia o rituale che riguardi l'armonia di un'unione, come un contratto o un matrimonio. Il Gebo è usato anche nella magia sessuale, poiché è profondamente legato allo scambio di energie tra i partner. Usato con la runa Isa, la combinazione è potente per legare i nemici.

Le pietre associate a questa runa sono lo smeraldo e la giada.

WUNJO *(Gioia)*

Germanico: Uuinne (Wunjo)
Gotico: Winja
Norreno: Vend
Anglosassone: Wynn
Islandese: Vin
Norvegese: Wynn

Wunjo è la runa della gioia, usata per legarci a coloro a cui teniamo e per rafforzare questi legami. È una runa di armonia, amicizia, comunità e famiglia. Wunjo ha la capacità di bandire gli ostacoli che fomentano l'alienazione e ci impediscono di legare. Usate Wunjo come protezione per prevenire i dispiaceri che vi impediscono di raggiungere il vostro massimo livello di coscienza. La comunità è l'incarnazione di questa runa e di tutte le cose che la compongono: amore, fiducia, salute e volontà divina.

Wunjo è comunemente nota come runa della perfezione e del desiderio corretto. Possiamo utilizzare il potere di Wunjo per coniugare i nostri sogni con le nostre azioni e raggiungere il nostro massimo potenziale.

Le pietre associate a questa runa sono il topazio e il quarzo chiaro.

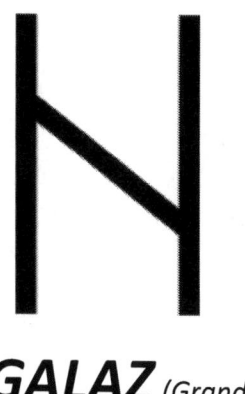

ᚺ

HAGALAZ *(Grandine)*

Germanico: Haal (Hagalaz) Gotico Hagl
Norreno: Hagall
Anglosassone: Hægl
Islandese: Hagall
Norvegese: Hagall, Hagl

Questa runa rappresenta la grandine e il sacrificio involontario senza ricompensa. È una runa di sofferenza e ingiustizia. È una runa di distruzione, disastro e catastrofe. Questa runa viene spesso utilizzata nella magia nera, inviando distruzione sotto forma di qualsiasi runa e intenzione venga utilizzata con essa, causando perdite e dolore violenti.

Sebbene questa runa sia tipicamente usata per motivi dannosi, può anche essere usata per comprendere ciò che non possiamo controllare. Simboleggia il destino e può essere usata per comprendere la nostra natura divina e la volontà degli dei. Usate questa runa insieme ad altre rune importanti per scoprire cosa il destino ha in serbo per voi o per gli altri nei momenti difficili. Ad esempio, abbinando questa runa a Wunjo si può avere una visione dell'esito delle prove familiari. Inoltre, si può tentare di alterare il destino abbinando questa runa a Nauthiz e comunicando con le Norne che hanno potere sui destini dell'umanità.

Le pietre associate a questa runa sono il rubino, l'acquamarina, l'onice e la cassiterite.

NAUTHIZ *(Necessità)*

Nome germanico: Noicz (Nauthiz)
Nome norreno: Nauð, Nauðr
Nome anglosassone: Nied (Nyd)
Nome islandese: Nauð
Nome norvegese: Naudr, Naud

Nauthiz è la runa della resistenza, della volontà e della forza mentale necessaria per durare. Rappresenta la notte oscura dell'anima ed è collegata alla runa Hagl. Nauthiz può essere utilizzata per realizzare ciò di cui abbiamo bisogno nonostante ciò che desideriamo. Ha la capacità di conferirci la saggezza necessaria per vedere ciò che deve essere fatto in situazioni altrimenti difficili.

Quando viene usata nella magia bianca, questa runa dà la sfida e la forza di andare avanti quando ogni speranza sembra perduta. È una runa di sopravvivenza e di impavidità di fronte alla morte. Se rivolta a un altro, questa runa può dare la forza spirituale per andare avanti e resistere di fronte a un disastro.

Le pietre associate a questa runa sono ossidiana, apatite, corniola e azzurrite.

ISA *(Ghiaccio)*

Germanico: Icz (Isa)
Eis gotico
Norreno: Íss
Anglosassone: Is
Islandese: Íss
Norvegese: Is

Isa è una runa di vincolo. Rappresenta la furtività e si usa nelle operazioni in cui si vuole procedere senza essere scoperti da entità spirituali o fisiche.

In natura, il ghiaccio si insinua nella terra, congelando e immobilizzando silenziosamente tutto ciò che incontra, mentre gli ignari ne sono vittime. Isa è la runa che vincola e impedisce l'azione con mezzi nascosti. Può fermare un piano e impedire che qualcosa si sviluppi. Viene usata per nascondere e può rendere la vittima inconsapevole dell'imminente disastro personale, al punto che qualsiasi azione tentata arriverà troppo tardi. Si usa anche per impedire qualsiasi azione da parte di un soggetto notoriamente ostile. Isa congela l'azione ed è la runa del freddo, della quiete e della morte. Isa è l'opposto di Fehu, poiché Fehu è una runa di movimento e Isa è una runa di vincolo.

Questa runa è utile per la meditazione, poiché agisce per fermare la mente e favorire la concentrazione, portando calma e guida. Isa agisce per calmare l'isteria, l'iperattività e l'irrequietezza. Spesso utilizzata negli incantesimi di protezione per legare un aggressore, aiuta anche a focalizzare la volontà dell'operatore. Usata con altre rune, agisce per legare e schermare le energie e impedire che interagiscano tra loro.

Le pietre associate a questa runa sono la malachite, l'ossidiana, il quarzo fumé e il diamante.

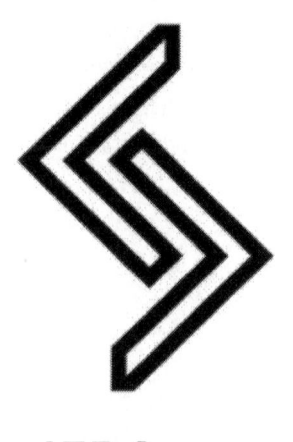

JERA *(Anno)*

Nome germanico: Gaar (Jera)
Gotico: Jer
Norreno: Ár
Anglosassone: Ger (Jara)
Islandese: Ár
Norvegese: Jara, Ar

Jera è una runa dei cicli e simboleggia il raccolto, dove gli sforzi della semina e del lavoro nei campi vengono ricompensati con i raccolti. Ar rappresenta i cicli del cambiamento, compresi i cicli della vita, i cicli lunari e le stagioni. Jera è in contrasto con Isa, dove tutto si ferma. Significa il ritorno del Sole e porta l'azione. Jera simboleggia un vortice di energia ciclico: la ruota della vita a otto pieghe, il punto all'interno del cerchio, che è il glifo del Sole, che significa rigenerazione. Jera può portare un rovesciamento delle sorti personali. Come la carta dei tarocchi, la Ruota della Fortuna, Jera può invertire le circostanze, sostituendo la sfortuna con la fortuna e viceversa.

Jera è la runa della pazienza e della consapevolezza, che si muove in armonia con i cicli naturali. È eccellente per lavorare con la natura ed è una runa di fecondità. Ingwaz è il seme piantato, Berkano è la terra che lo riceve e Jera è la crescita e il raccolto. È la runa della pianificazione a lungo termine e della perseveranza, che aiuta a garantire il successo dei piani.

Le pietre associate a questa runa sono l'agata muschiata, la lepidolite e la pietra di luna.

EIHWAZ *(Tasso)*

Nome germanico: Ezck (Eihwaz)

Gotico: Eihwas

Norreno: Elhaz

Anglosassone: Yr (Ēoh)

Norvegese: Eo

La runa Eihwaz rappresenta il tasso: l'albero della vita e della morte. Questa runa è spesso paragonata ai tarocchi della morte e ha molti degli stessi significati. Eihwaz è una runa di trasformazione, morte e inizio di qualcosa di nuovo. Eihwaz può rappresentare l'inversione di una situazione attuale o l'inizio di qualcosa di nuovo che nasce dalle ceneri di vecchie abitudini o attaccamenti. Eihwaz è stato progettato per mostrare la dualità della vita e della morte e la loro connessione inseparabile. Eihwaz ci ricorda di non temere la morte. È solo una parte del ciclo della vita e della rinascita e dovrebbe essere accolta con favore in quanto preannuncia cambiamenti e nuovi inizi.

Le pietre associate a questa runa sono l'acquamarina, le pietre d'oro e la crisocolla.

PERTHRO *(Sconosciuto)*

Nome germanico: Pertra (Perthro)

Gotico: Pairthra

Norreno: Perð

Anglosassone: Peordh (Pertra)

Islandese: Perð, (Plástur)

Norvegese: (Pertra)

Il Perthro è una runa di divinazione. L'ignoto rappresenta il nostro destino e il controllo che abbiamo sulla nostra vita. Il nostro destino è legato alle nostre azioni e alla nostra fortuna, e con la divinazione possiamo chiedere alle Norne di darci un'idea di ciò che potrebbe accadere se rimanessimo sulla nostra rotta attuale.

Perthro è la più misteriosa delle rune, poiché si occupa dei misteri delle altre rune, della vita stessa e del nostro rapporto con esse. Il destino, il caso e l'azione sono innegabilmente legati, creando una rete tra noi, gli dei e l'universo. Questa runa rappresenta questi legami e può essere usata per scopi divinatori insieme ad altre rune o da sola per chiedere favori e intuizioni ai Filatori del Fato.

Le pietre associate a questa runa sono onice, ametista, labradorite e zaffiro.

ALGIZ *(Vita)*

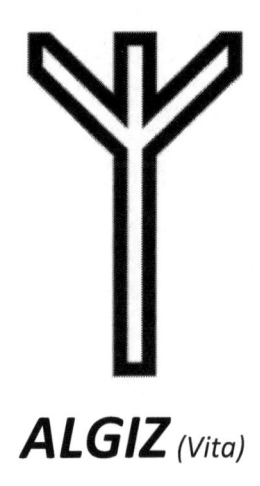

Nome germanico: Algis, Algiz o Elhaz
Gotico: Algs
Nome anglosassone: Eolh
Nome norvegese: Elgr

Algiz è la runa della vita. È costruita in modo da rappresentare tre rami in cima al Pilastro del Mondo, simbolo di un albero che si protende verso il cielo. È una potente runa di protezione e rappresenta la più grande difesa che esista nelle rune del futhark; i rami rappresentano le corna di un alce che sono in grado di attaccare e difendere.

L'Algiz può essere usato come scudo contro gli attacchi spirituali e fisici. Rappresenta il potere dell'uomo e il suo destino divino di sostenere l'ordine creato dagli dei in difesa di Asgard e Midgard. Si usa anche per la consacrazione e per scacciare le energie negative. Per le streghe è eccellente da indossare quando si eseguono rituali pericolosi, poiché protegge dalle energie di disturbo. Può anche essere intagliata in un oggetto e collocata su un altare o in uno spazio per incantesimi.

Le pietre correlate a questa runa sono l'ametista, lo smeraldo, l'agata di fuoco, il diaspro giallo, il quarzo fumé, la kunzite, la labradorite e l'ossidiana.

SOWILO *(domenica)*

Germanico: Sugil (Sowilo)
Gotico: Sauil
Norreno: Sól
Anglosassone: Sigel
Islandese: Sól
Norvegese: Sol Vecchio
Danese: Sulu
Antico tedesco: Sil, Sigo, Sulhil

La runa del Sole e la controforza di Isa, la runa del Ghiaccio. Sowilo è la runa dell'azione, dell'onore, dell'invincibilità e del trionfo finale. È la runa del movimento che conferisce la volontà di agire. Simboleggia i chakra e il fulmine, la scintilla della vita.

Ha proprietà schermanti e combattive. Si usa per comprendere le forze energetiche nel mondo e sul piano astrale. Se usata con altre rune, le attiva e le potenzia. Può essere usata nella meditazione e per potenziare le proprie riserve di energia. Sowilo fa emergere le capacità di leadership e aumenta la forza d'animo.

Le pietre associate a questa gemma sono il rubino, lo spinello rosso, il granato rosso, la rubellite e il diamante.

TIWAZ *(Tyr)*

Germanico: Tys (Tiwaz)
Gotico: Teiws
Norreno: Týr
Anglosassone: Tir, Tiw
Islandese: Týr
Norvegese: Ty

La runa Tiwaz è associata a Tyr, il dio del cielo della giustizia. La runa è costruita in modo da rappresentare una punta di lancia bilanciata che indica il movimento in un'unica direzione o verso l'alto. Questa runa rappresenta anche il sacrificio, poiché Tyr sacrificò la sua mano per legare il lupo del caos, Fenrir.

Tiwaz è la runa dell'armonia, della giustizia e del guerriero. Rappresenta l'onore, che è rappresentativo del sacrificio che Tyr ha fatto per sostenere l'ordine cosmico. Si usa per la stabilità e per legare le energie caotiche. È ottima per le operazioni di difesa e di vendetta, poiché rappresenta la giustizia.

Le pietre associate a questa runa sono ematite, pietra del sole, pietra del sangue, occhio di tigre ed eliotropio.

BERKANO *(Dea Betulla)*

Germanico: Bercna (Berkano)
Gotico: Bairkan
Norreno: Bjarkan
Anglosassone: Beroc
Islandese: Bjarkan
Norvegese: Bjarkan

Il nome Berkano deriva dalla betulla, che rappresenta la rigenerazione e la giovinezza. La runa allude alla forma femminile ed è costruita in modo da rappresentare i seni e il ventre di una donna incinta. Berkano rappresenta la nascita e la rinascita dopo la distruzione. È comunemente associata a Ostara, dea della primavera e della rinascita.

Questa runa può essere utilizzata nelle lavorazioni per la fertilità femminile, la magia femminile e il nutrimento. Si usa anche per nascondere e proteggere. Questa runa simboleggia le energie femminili ed è un'antica usanza pagana racchiudere un bambino alla nascita con le energie protettive di Berkano, che rimangono con lui per tutta la vita. Berkano è anche un'ottima runa da utilizzare per l'agricoltura e il giardinaggio: ad esempio, si può dipingere la runa di Berkano su una grande roccia e collocarla al centro del giardino, chiedendo alla dea di vegliare sul raccolto.

Le pietre associate a questa runa sono il quarzo rosa, il granato, l'agata e il quarzo chiaro.

EHWAZ (Cavallo)

Germanico: Eys (Ehwaz)
Gotico: Aihwa
Norreno: Ehol, Ior
Anglosassone: Eoh
Islandese: Eykur
Norvegese: Eh, Eol

Questa runa rappresenta il cavallo ed è costruita in modo da apparire come due cavalli che si fronteggiano, un'allusione ai cavalli Árvakr e Alsviðr che trainano il carro del Sole. È anche strettamente identificato con Castore e Polluce, i gemelli dei Gemelli. Ehwaz rappresenta la dualità del maschile e del femminile e la capacità dell'umanità di lavorare insieme per raggiungere un obiettivo comune.

Ehwaz può essere utilizzato per benedire nuove collaborazioni e coalizioni, che si tratti di matrimoni, amicizie, progetti di gruppo o creazione di alleanze. Se usato con altre rune, Eihwaz unisce le energie in modo armonioso.

Le pietre associate a questa runa sono agata, crisoprasio, citrino, pietra di luna, pera e zaffiro bianco.

MANNAZ *(Mankind)*

Germanico: Manna (Mannaz)
Gotico: Manna
Norreno: Maðr
Anglosassone: Mann
Islandese: Maður
Norvegese: Madr

Mannaz rappresenta il legame tra l'umanità e gli dei, la nostra capacità condivisa di mente e memoria che ci porta a grandi cose. La struttura di Mannaz ha una specie di torsione, che rappresenta come i destini dell'umanità e degli dei siano intrecciati e non possano essere annullati. La forma della runa è quella di due rune Wunjo che si fronteggiano, una rappresenta l'uomo e l'altra gli dei.

La runa di Mannaz è spesso usata nella magia profetica e può essere utilizzata per comunicare con gli dei e onorarli. È una runa del destino, del fato e del potenziale e può essere usata per raggiungere la saggezza e comprendere meglio il nostro posto nell'universo nel grande ordine delle cose.

Le pietre associate a questa runa sono zaffiro, celestite, agata, pietra di luna e occhio di tigre.

Laguz *(Acqua)*

Germanico: Laaz (Laguz)
Gotico: Lagus
Norreno: Lögr
Anglosassone: Lagu
Islandese: Lögur
Norvegese: Laukr

Laguz è una runa che simboleggia l'acqua che scorre verso il basso e che è piena di energia. Rappresenta anche il concetto di quantità rispetto a quello di qualità. La pendenza verso il basso della runa rappresenta l'acqua che scorre in discesa. Laguz rappresenta anche l'energia caotica e sfrenata e le forze erosive della natura. È una runa del divenire, una runa del progresso e delle forze collettive.

Laguz è un'ottima runa da incorporare in qualsiasi rituale che garantisca resistenza e forza di volontà, soprattutto nei rituali che aiutano a fissare e raggiungere gli obiettivi.

Le pietre associate a questa runa sono lapislazzuli, azzurrite, ametista, acquamarina e zaffiro.

INGWAZ *(Seme)*

Norreno: Ing, Ingvarr
Gotico: Iggws
Germanico: Enguz (Ingwaz)
Anglosassone: Ing
Islandese: Ing
Norvegese: Ing

Ingwaz è la runa dell'isolamento, utilizzata per preparare uno spazio per l'inizio di una nuova crescita. È la runa della gestazione e della crescita interna. Rappresenta l'antica immagine di Dio, Ing, ed è la runa della fertilità maschile. L'azione creativa, l'energia immagazzinata e il potere della meditazione sono tutti buoni esempi di Ing. È la runa dell'azione e di tutto ciò che serve per compierla. L'idea del sacrificio è una componente fondamentale dell'Ingwaz: perché nasca qualcosa di nuovo è necessario che qualcosa venga lasciato andare - deve verificarsi un cambiamento interno o esterno, che può manifestarsi sotto forma di tempo perso mentre si impara una nuova abilità o si studia per un esame, oppure può significare che per crescere è necessario separarsi da una persona o da un gruppo di persone.

Uno dei motivi principali per cui un incantesimo o un rituale può fallire è l'incapacità del praticante di fare i sacrifici necessari per raggiungere i propri obiettivi e Ingwaz può aiutarci a capire quali potrebbero essere. Utilizzate questa runa come parte di un rituale di meditazione pre-casting per comprendere meglio ciò che è necessario da parte vostra affinché la vostra manifestazione abbia successo. Un altro ottimo modo per utilizzare questa runa è quello di separare la mente dalle distrazioni per concentrarsi sul compito da svolgere.

Le pietre associate a questa runa sono lo zircone, il peridoto, la prehnite e la tanzanite.

DAGAZ *(Alba)*

Germanico: Daaz (Dagaz)
Gotico: Dags
Norreno: Dagr
Anglosassone: Daeg
Islandese: Dagur
Norvegese: Dagr

Controparte della runa Jera, Dagaz rappresenta il ciclo giornaliero allo stesso modo in cui Jera rappresenta il ciclo annuale. Entrambe sono rune di cambiamento. Dagaz è la runa del risveglio spirituale ed è un simbolo di luce. La costruzione della runa è quella di un simbolo dell'infinito o di una clessidra rovesciata, che rappresenta l'atemporalità e il potenziale illimitato.

Questa runa viene utilizzata per raggiungere l'ispirazione e l'illuminazione. Meditate con questa runa per scoprire le risposte ai problemi o ai blocchi che state affrontando. Come dice il suo nome, Dagaz può far luce su una situazione altrimenti ambigua e può essere utile in qualsiasi rituale che preveda risposte e comprensione.

Le pietre associate a questa runa sono lapislazzuli, pietra di luna, pietra del sole, rubino e giada.

OTHALA *(Patria)*

Germanico: Utal (Othala)
Gotico: Othal
Norreno: Oðal
Anglosassone: Otael (Ethel)
Islandese: Óðal
Norvegese: Ödal

Othala governa qualsiasi questione che abbia a che fare con l'ascendenza, l'eredità, la famiglia e il patrimonio. Simile a Fehu, è una runa di ricchezza e proprietà, ma mentre Fehu rappresenta gli inizi della ricchezza e la sua trasformazione nel tempo, Othala rappresenta la ricchezza immobile che è stata generata dalla vostra linea ancestrale per essere trasmessa alle nuove generazioni.

L'Othala può essere utilizzata per celebrare la vita dei nostri antenati, lodare i loro successi e benedire l'eredità che hanno lasciato per aiutarci a portare avanti i loro nomi.

Le pietre associate a questa runa sono il cedro, la giada verde, l'occhio di tigre e il quarzo rosa.

Note

In chiusura

Spero che il mio *Libro delle Ombre* vi sia piaciuto! Il mondo della magia è vasto e c'è una ricchezza di informazioni apparentemente illimitata su innumerevoli argomenti, quindi lasciate che questo libro sia una pietra miliare sul vostro cammino spirituale. Se vi è piaciuto questo libro, date un'occhiata al mio libro di stregoneria per principianti *The Craft (Stregonaria in Italiano)*, ricco di informazioni sulla storia e sulle pratiche attuali della stregoneria moderna.

Se avete un momento, lasciate una recensione del libro su Amazon! Io auto-pubblico tutti i miei libri e questo mi aiuta molto perché non ho un editore che pubblicizza i miei contenuti. Grazie per aver letto il mio libro e siate benedetti!

Buon incontro!
E buona parte!
-Brittany Nightshade

Dichiarazione di Esonero di Responsabilità: prendere sempre precauzioni per la sicurezza quando si esegue un rituale. Fate attenzione se utilizzate stufe o fonti di calore e assicuratevi sempre di avere una ventilazione adeguata. Queste informazioni sono di carattere educativo e religioso, non devono essere prese come consigli medici professionali; consultate sempre prima di tutto un medico professionista. Usate questo libro a vostro rischio e pericolo: Non sono responsabile di eventuali conseguenze indesiderate. Non ingerire mai nulla se non sei completamente sicuro che sia sicuro e non sei allergico. Diffidate sempre del rischio potenziale di imporre la vostra volontà agli altri, perché possono esserci conseguenze indesiderate. Non commettete alcun reato, come la violazione di domicilio, durante lo svolgimento dei vostri rituali: Non ho un incantesimo per farvi uscire di prigione!

Con molto affetto,

Brittany

Se il libro vi è piaciuto, vi invito a recensirmi su Amazon e a seguirmi su Instagram e Facebook:

facebook.com/xobrittanynightshade

@Nightshade_Apothecary

Printed in Great Britain
by Amazon